Dr. Oetker

Die schönsten Original-Rezepte berühmter Konditoreien

Vorwort

Lassen Sie sich von den Speziali-täten berühmter Konditoreien Deutschlands verwöhnen

Lernen sie diese einmalige Sammlung ausgewählter Original-Rezepte kennen. Meisterhafte Torten, erlesene Kuchen oder himmlische Teilchen – hinter jedem Backwerk steckt das Geheimnis feinster Konditorenkunst.

So manche Rezeptur wurde über Generationen vom Vater auf den Sohn vererbt.

Jetzt haben wir die schönsten Original-Rezepte in der Dr. Oetker Versuchsküche nachgebacken und ihre Zubereitung anschaulich beschrieben.

Das Buch ist gleichzeitig ein exklu-siver Führer für alle, die sich in renommierten Konditoreien unseres Landes verwöhnen lassen wollen.

Glückstadt
Hamburg
Bremen
Hitzacker
Berlin
Stadthagen
Bielefeld
Hameln
Warendorf
Detmold
Paderborn
Höxter
Recklinghausen
Duisburg
Dortmund
Düsseldorf
Köln
Aachen
Marburg
Linz
Koblenz
Bad Homburg
Bad Vilbel
Frankfurt
Coburg
Bayreuth
Bamberg
Bad Kreuznach
Erlangen
Kaiserslautern
Eberbach
Karlsruhe
Bad Herrenalb
Nördlingen
Passau
Alpirsbach
Augsburg
Illertissen
Wehingen
München (Grünwald)
Staufen
Tuttlingen
Badenweiler
Garmisch-Partenkirchen

Konditorei-Café Sandmann, Aachen

Konditorei-Café Sandmann
Am Theater
5100 Aachen

Unsere Geschichte

Die Tradition des Café Sandmann reicht bis ins alte Wien zurück. Denn hier war der Vater des Gründers Zuckerbäcker am Hofe Kaiser Franz Joseph I. von Oesterreich. Heute bewahren Konditormeister Josef und Werner Sandmann mit ihren vielen Spezialitäten das Erbe ihrer Vorfahren in 3. und 4. Generation. 1984 wurde der Betrieb – durch seine vielen Innungssieger – vom Bundespräsidenten für beispielhafte Leistungen in der Berufsausbildung junger Menschen ausgezeichnet. Ein Beweis, nicht nur für die Ausbildung, sondern auch für das hohe Qualitätsniveau der Erzeugnisse der Konditorei am Theaterplatz 7. Durch die Nähe zum Theater und das Aachener Reitturnier stehen viele Schauspieler und viele berühmte Pferdesportler im Gästebuch des Cafés. Auch mancher Scheich hat sich hier während eines Aufenthaltes im Aachener Klinikum verwöhnen lassen. Zum Beispiel von den köstlichen Torten und den vielfältigen Baumkuchentorten mit oder ohne Sahne, Aachener Printen oder von den selbsthergestellten Pralinen.

Unser Original-Rezept

Spanische Vanilletorte

Unsere Zutaten

Teig: 300 g Marzipan-Rohmasse, 75 g Butter, 75 g Zucker, 1 ausgekratzte Vanilleschote, 8 Eigelb, 8 Eiweiß, 75 g Zucker, 75 g Weizenmehl, 75 g Speisestärke. Gustin, etwas Salz, 3 g (1 gestrichener Teel.) Backpulver Backin.
Füllung: 100 g Zartbitter-Schokolade.
Zum Bestreichen: 4 Eßl. durch ein Sieb gestrichene Aprikosen-Konfitüre.
Guß: 100 g Zartbitter-Schokolade, 20 g Kokosfett.

Die Herstellung

Für den Teig Marzipan, Butter, Zucker und Vanillemark geschmeidig rühren. Nach und nach das Eigelb hinzufügen. Eiweiß und Zucker steif schlagen und auf die Eigelbmasse geben. Darüber das mit Speisestärke und Backin gemischte Mehl sieben. Alles vorsichtig vermengen.
1/3 des Teiges in eine Springform (Durchmesser 28 cm, Boden gefettet, mit Pergamentpapier belegt) füllen.
Darauf zunächst die kleingehackte Schokolade und dann den restlichen Teig verteilen.
Strom: 175-200 (vorgeheizt).
Gas: 3-4 (nicht vorgeheizt).
Backzeit: Etwa 40 Minuten.

Das Gebäck sofort nach dem Backen auf einen Kuchenrost stürzen, auskühlen lassen und mit Aprikosen-Konfitüre bestreichen.
Für den Guß die Schokolade zusammen mit dem Kokosfett in einem kleinen Topf bei schwacher Hitze zu einer geschmeidigen Masse verrühren. Das Gebäck damit überziehen.

Café am Kloster, Alpirsbach

Café am Kloster
7297 Alpirsbach

Unsere Geschichte

Im Kinzigtal an der Schwarzwald-Täler-Straße haben Stefan und Elfriede Herbst 1971 ihr Café in einem modernen Gebäude gegründet. Heute ist das gemütliche Café mit Sonnenterrasse weit über die Grenzen des Luftkurorts Alpirsbach hinaus bekannt.
Je nach Saison werden neben der Schwarzwälder Kirschtorte bis zu 30 Torten angeboten, wobei der Kirschkäsekuchen und ein Schwäbischer Apfelkuchen besonders zu empfehlen sind. Beliebt bei Kurgästen und Urlaubern sind auch die „süßen Flaschen aus Alpirsbach" – mit Pralinen gefüllte Schokoladenflaschen.
Zusätzliche Neuheit: Bierfäßchen aus Zartbitterschokolade mit Schnapspralinen gefüllt.
Jedes Jahr zu Ostern gibt es eine Ausstellung von Schokoladenhasen und Präsent-Eiern – natürlich aus eigener Herstellung, denn Schokolade ist eine Spezialität des Hauses.

Unser Original-Rezept

Kirsch-Käsekuchen

Unsere Zutaten

Knetteig: 200 g Weizenmehl, 3 g (1 gestrichener Teel.) Backpulver Backin, 75 g Zucker, 1 Päckchen Vanillin-Zucker, 1 Ei, 75 g Butter.
Zum Bestreichen: Aprikosen-Konfitüre.
Zum Belegen: 1 heller Wiener Boden (1 cm dick).
Belag: 460 g entsteinte Sauerkirschen (aus dem Glas), 250 ml (1/4 l) Sauerkirschsaft, 30 g Speisestärke Gustin, 1 Eßl. Zucker; 750 g Speisequark, 200 g Zucker, 3 Päckchen Soßen-Pulver Vanille-Geschmack, 4 Eier, 250 ml (1/4 l) Milch, etwas Salz, 1 Eßl. Zitronensaft, 250 g (1 Becher) Schlagsahne.

Die Herstellung

Aus den angegebenen Zutaten einen Knetteig bereiten. Die Hälfte des Teiges auf dem gefetteten Boden einer Springform (Durchmesser 28 cm) ausrollen. Aus dem restlichen Teig eine Rolle formen. sie an den Rand der Form legen und bis an die Kante hochdrücken. Den Teigboden mit Aprikosen-Konfitüre bestreichen und mit einer Schicht Wiener Boden belegen.
Für die Füllung die Sauerkirschen abtropfen lassen. Von dem Saft 250 ml (1/4 l) abmessen, mit der Speisestärke binden. Zukker und Kirschen unterrühren. Die Masse etwas abkühlen lassen.
Quark, Zucker, Soßen-Pulver, Eier, Milch, Salz und Zitronensaft zu einer einheitlichen Masse verrühren. Die steifgeschlagene Sahne unterheben.
Zunächst die abgekühlte Kirschmasse und dann die Quarkmasse auf dem Wiener Boden verteilen.

Strom: Etwa 175 (vorgeheizt).
Gas: Etwa 3 (nicht vorgeheizt).
Backzeit: Etwa 70 Minuten.
Nach etwa 15 Minuten Backzeit das Gebäck mit einem Messer vom Rand der Form lösen und fertig backen.
Das Gebäck nach etwa 1 Stunde auf einen Kuchenrost stürzen, erkalten lassen und dann — umgedreht — auf eine Tortenplatte setzen.

Konditorei-Café Eber, Augsburg

Café Eber
Philippine-Welser-Straße 6
8900 Augsburg

Unsere Geschichte

Seit 1925 ist das „Eber" am Rathausplatz von Augsburg eine Adresse für erlesene Konditoreiwaren und wienerische Gemütlichkeit.
75 Fachkräfte sind täglich dabei, Süßes herzustellen, anzubieten und zu servieren. Die Zeitschrift VIF Gourmet-Journal lobte die Augsburger Torte„...sie ist eine der Spezialitäten des Renommee-Cafés, die Auswahl an Süßem ist hier riesig, ständig werden etwa 40 Torten angeboten".
Und die Münchner Autorin und Feinschmeckerin Doris Lieb schreibt: „Was im wienerisch eingerichteten Café Eber gereicht wird, kommt aus alter Familientradition. Doch ist man stets auch um neue Kreationen bemüht. Das Angebot von Confiserie und Conditorei ist einfach unwiderstehlich".
Schließen Sie sich diesem Lob an. Bei Ihrem nächsten Besuch in Augsburg.

Unser Original-Rezept

Schwäbischer Gesundheitskuchen

Unsere Zutaten

500 g Butter, 400 g Zucker, 1 Päckchen Vanillin-Zucker, 9 Eier, etwas Salz, etwas abgeriebene Zitronenschale (unbehandelt), 1 Eßl. Rum, 500 g Weizenmehl, 100 g Weizenpuder, 4 gestrichene Teel. Backpulver Backin, 4 Eßl. Schlagsahne.
Zum Bestäuben: Puderzucker.

Die Herstellung

Die Butter geschmeidig rühren. Nach und nach Zucker, Vanillin-Zucker, Eier, Salz, Zitronenschale und Rum hinzufügen. Mehl, Weizenpuder und Backin mischen, sieben und abwechselnd eßlöffelweise mit der Sahne unterrühren.
Den Teig in eine gefettete Springform mit Rohrboden (Durchmesser 28 cm) füllen.

Strom: 175-200 (vorgeheizt).
Gas: 3-4 (nicht vorgeheizt).
Backzeit: 70-80 Minuten.
Den gestürzten, erkalteten Kuchen mit Puderzucker bestäuben.

Konditorei-Café Grether, Badenweiler

Konditorei-Café Grether
Sofienstr. 2
7847 Badenweiler

Unsere Geschichte

Auf viele treue und prominente Gäste kann die 1891 gegründete Konditorei Grether in Badenweiler zurückblicken. So ließ sich der erste deutsche Bundespräsident, Theodor Heuss, von den süßen Köstlichkeiten genauso verwöhnen, wie die Großherzogin von Baden.
Auch Außenminister Genscher zählt seit langer Zeit zu den Genießern und bekommt regelmäßig süße Päckchen. (Viele davon erhält Herr Genscher von Freunden geschenkt).
Anläßlich des 90-jährigen Bestehens, im Jahre 1981, erinnert sich der heutige Pächter, Rolf Schwarz, an die schwere Zeit des Wiederaufbaus: „Wer 1947 ein Eis haben wollte, mußte den Löffel Zucker gleich mitbringen". Heute kann jeder Gast aus einem reichen Angebot wählen und bei Kaffee und Kuchen so richtig genießen.

Unser Original-Rezept

„Grethers" Gelbrüben-Torte

Unsere Zutaten

Teig: 6 Eiweiß, 300 g Zucker, 6 Eigelb, 1 Päckchen Vanillin-Zucker, etwas abgeriebene Zitronenschale (unbehandelt), 3 Eßl. Zitronensaft, 100 g Weizenmehl, 1 Msp. Backpulver Backin, 600 g Gelbrüben (Möhren), geraspelt (mittel bis fein), 300 g Haselnußkerne, gehackt, 100 g Haselnußkerne, gemahlen.
Zum Bestreichen: 3 Eßl. Aprikosen-Konfitüre.
Marzipandecke: 200 g feine Marzipan-Rohmasse, 100 g gesiebter Puderzucker.
Glasur: 175 g gesiebter Puderzucker, 1 Eiweiß, 1 Eßl. Zitronensaft.

Die Herstellung

Für den Teig das Eiweiß mit 2/3 des Zuckers steif schlagen.
Das Eigelb mit dem restlichen Zucker und dem Vanillin-Zucker schaumig schlagen.
Beide Massen zusammengeben.
Die übrigen Zutaten vorsichtig unterheben.
Den Teig in eine Springform (Durchmesser 28 cm, Boden gefettet) geben.
Strom: 175-200 (vorgeheizt).
Gas: 3-4 (nicht vorgeheizt).
Backzeit: Etwa 1 Stunde.
Das ausgekühlte Gebäck mit Aprikosen-Konfitüre bestreichen.

Für die Marzipandecke Marzipan und Puderzucker gut verkneten und dünn auf gesiebtem Puderzucker ausrollen.
Für die Glasur Puderzucker, Eiweiß und Zitronensaft verrühren. Das Gebäck damit glasieren und nach Belieben mit Marzipan-Möhren garnieren.

Konditorei-Café Zoller, Bad Herrenalb

Konditorei-Café Zoller
Ettlinger Str. 16
7506 Bad Herrenalb

Unsere Geschichte

Als führendes Haus am Platz kann sich mit gutem Recht die Konditorei Zoller bezeichnen. Sie liegt gegenüber dem in einer stattlichen Parkanlage eingebetteten Thermalbad.
Sitznischen, Blattpflanzen und echte Teppiche strahlen eine behagliche Wiener-Kaffeehaus-Atmosphäre aus.
25-30 Torten stehen zur Wahl. Besonders delikat ist die Herrentorte, welche neben der Flockensahnetorte, Schwarzwälder Kirschtorte, Sacher-, Mandel-, Makronentorte und dem schwäbischen Nußkranz zu den begehrten Spezialitäten gehört.
„Herrenalber Tannenzapfen" sowie „Kurparknüsse" gehören zu den Köstlichkeiten des Pralinen-Sortiments.
Neben 10 Kaffeevariationen für Genießer kann der Teeliebhaber aus einer speziellen Karte mit 20 Teesorten der besten Pflückungen wählen.
Diabetiker finden eine beachtliche Auswahl an Kuchen, Eis und Teegebäck im Angebot dieser empfehlenswerten Konditorei.

Unser Original-Rezept

Schwäbischer Nußkranz

Unsere Zutaten

Teig: 100 g Butter, 40 g Marzipan-Rohmasse, 100 g Zucker, 1 Päckchen Vanillin-Zucker, etwas Salz, 2 Eier, 60 g Weizenmehl, 60 g Weizenpuder, 1 gestrichener Teel. Backpulver Backin, 70 g gehäutete, fein gemahlene, geröstete Haselnußkerne.
Zum Ausfetten und Ausstreuen der Form: 40 g Butter, 100 g grob gehackte, geröstete Haselnußkerne.

Die Herstellung

<u>Für den Teig</u> Butter und Marzipan geschmeidig rühren. Zucker, Vanillin-Zucker, Salz, Eier und Mehl-Weizenpuder-Backin Mischung nach und nach der schaumig gerührten Butter-Marzipan-Masse beigeben. Zum Schluß die feingemahlenen, gerösteten Haselnußkerne vorsichtig unter die Masse heben.
Eine Kranzform (Durchmesser 20 cm) mit der geschmeidig gerührten Butter ausstreichen und mit den grob gehackten, gerösteten Haselnußkernen ausstreuen.
Den Teig in die Form füllen.

<u>Strom:</u> 175-200 (vorgeheizt).
<u>Gas:</u> 3-4 (nicht vorgeheizt).
<u>Backzeit:</u> Etwa 45 Minuten.

Konditorei-Café Peter Kofler, Bad Homburg

Konditorei-Café Kofler
Luisenstraße 42
6380 Bad Homburg

Unsere Geschichte

Café oder Kaffeemühlen-Museum? Diese Frage stellt sich dem Gast beim Betreten der Caféräume. Über 100 seltene Exemplare aus vielen Epochen sowie viele Backmodeln sind hier an den Wänden ausgestellt. Hat der Gast jedoch einen Blick in die Karte geworfen, findet er die Antwort in 24 Torten, einem reichen Küchenangebot und einer großen Frühstücksauswahl. Die Spezialität des Hauses sind zweifellos Baumkuchen in allen Variationen, die 1983 auf der DLG-Qualitätsprüfung mit dem großen Preis der SLG ausgezeichnet wurden.
Aber auch die Pralinen – täglich frisch aus der Confiserie – können sich sehen und schmecken lassen. 150 Sitzplätze bietet das Café. Hinzu kommt ein Kolleg mit 50 Plätzen und 150 weiteren im Boulevardcafé.

Unser Original-Rezept

Papageno-Torte

Unsere Zutaten

Biskuitteig: 180 g Marzipan-Rohmasse, 3 Eßl. Wasser, 3 Eigelb, 1 Päckchen Vanillin-Zucker, abgeriebene Schale von 1 Zitrone (unbehandelt), etwas Salz, 3 Eiweiß, 100 g Zucker, 100 g Weizenmehl, 25 g Speisestärke Gustin, 1/2 gestrichener Teel. Backpulver Backin, 30 g zerlassene Butter.
Baisermasse: 1 Eiweiß, 30 g Zucker, 30 g gemahlene Haselnußkerne.
Tränke: 1/8 l Wasser, 60 g Zucker, 4 Eßl. Cointreau (Likör).
Trüffelcreme (Canache): 120 g Schlagsahne, 120 g Vollmilch-Kuvertüre, 120 g Zartbitter-Kuvertüre, 40 g Biskin.
Zum Bestreichen: 100 g Schlagsahne, 1 Päckchen Vanillin Zucker.
Zum Bestreuen: 50 g gehobelte Kuvertüre.
Zum Bestäuben: Puderzucker.

Die Herstellung

Für den Biskuitteig Marzipan, Wasser, Eigelb, Vanillin-Zucker, Zitronenschale und Salz zu einer cremigen Masse schlagen. Eiweiß und Zucker steif schlagen und auf die Eigelbmasse geben.
Darauf das mit Gustin und Backin gemischte Mehl sieben. Alles vorsichtig unterziehen. Dabei nach und nach die lauwarme Butter hinzufügen. Den Teig in eine Springform (Durchmesser 24 cm, Boden gefettet, mit Semmelmehl bestreut) füllen.
Strom: 175-200 (vorgeheizt).
Gas: 3-4 (nicht vorgeheizt).
Backzeit: 35-40 Minuten. Gebäck gut auskühlen lassen.
Für die Baisermasse Eiweiß und Zucker steif schlagen. Die Haselnußkerne vorsichtig unterheben.
Die Masse auf den Springformboden (Durchmesser 24 cm, gefettet, mit Backpapier belegt) streichen und ohne Springformring backen.
Strom: Etwa 180 (vorgeheizt).
Gas: 5 Minuten vorheizen etwa 3, backen etwa 3
Backzeit: Etwa 15 Minuten.
Das Gebäck sofort nach dem Backen lösen.
Für die Tränke Wasser und Zucker unter Rühren erhitzen, bis sich der Zucker gelöst hat. Dann den Alkohol hinzufügen und das Ganze kalt stellen.
Für die Trüffelcreme die Sahne aufkochen und von der Kochstelle nehmen. Die kleingehackte Kuvertüre hinzufügen und unter Rühren auflösen.
Das Ganze kalt stellen und nach dem Erkalten mit dem Biskin aufschlagen.
Den Baiserboden dünn mit Creme bestreichen und mit dem Biskuitboden bedecken. Die Oberfläche mehrmals mit einem Holzstäbchen einstechen und tränken. Rand und obere Seite der Torte mit Creme bestreichen.
Die Torte kalt stellen und vor dem Servieren bergartig mit der mit Vanillin-Zucker steifgeschlagenen Sahne bestreichen, mit Kuvertüre bestreuen und mit Puderzucker bestäuben.

Konditorei-Café Wahl, Bad Kreuznach

Konditorei-Café Wahl
Kurhausstraße 19
6550 Bad Kreuznach

Unsere Geschichte

Das Kaffeehaus Wahl kann auf eine lange Tradition zurückblicken, denn schon im letzten Jahrhundert war dieses Haus eine anerkannte Feinbäckerei.
Nur 150 m zum Kurhaus und Kurpark gelegen bietet das Café mit seinem gepflegten Kaffeegarten auf der Terrasse und in den Caféräumen Platz für insgesamt 350 Gäste. Das Angebot umfaßt die breite Palette einer guten Konditorei, vom Baumkuchen über Eis, Petit fours, Tee- und Dauergebäck bis hin zu leckeren Kuchen und Torten. Spezialitäten sind die Tegernseer Kirschwassercremetorte, Joghurttorten sowie Apfel- und Quarkstrudel.
Die Caféräume sind sehr dekorativ mit Stilmöbeln, Kristallüstern und goldumrahmten Spiegeln ausgestattet und erinnern an den gemütlichen, eleganten Stil der Kaffeehäuser der 20er Jahre.

Unser Original-Rezept

Johannisbeer-Rahmkuchen

Unsere Zutaten

Biskuitteig: 3 Eier, 75 g Zucker, abgeriebene Zitronenschale von 1/2 Zitrone (unbehandelt), etwas Salz, 75 g Weizenmehl.
Knetteig: 300 g Weizenmehl, 1 Messerspitze Backpulver Backin, 100 g Zucker, 1 Päckchen Vanillin-Zucker, abgeriebene Zitronenschale von 1/2 Zitrone (unbehandelt), etwas Salz, 1 Ei, 200 g Butter.
Füllung: 600 g Johannisbeeren (vorbereitet gewogen), 150 g Puderzucker, 200 ml Johannisbeersaft, 50 g Speisestärke Gustin.
Rahmguß: 2 Päckchen Pudding-Pulver Vanille-Geschmack, 150 g Zucker, 1 Prise Salz, 3 Eigelb, 500 ml (1/2 l) Milch, 200 g Schlagsahne.
Zum Bestäuben: Puderzucker.

Die Herstellung

Für den Biskuitteig Eier und Zucker so lange schlagen, bis eine cremige Masse entstanden ist. Die Gewürze unterrühren. Das gesiebte Weizenmehl vorsichtig unterrühren.

Den Teig in eine Springform (Durchmesser 28 cm, Boden gefettet, mit Backpapier belegt) füllen.
Strom: 175-200 (vorgeheizt).
Gas: 3-4 (nicht vorgeheizt).
Backzeit: 20-30 Minuten
Den Tortenboden auskühlen lassen.
Aus den angegebenen Zutaten einen Knetteig bereiten. Die Hälfte des Teiges auf dem gefetteten Boden einer Springform (Durchmesser 28 cm) ausrollen, mehrmals mit einer Gabel einstechen und vorbacken.
Strom: 200-225 (vorgeheizt).
Gas: 5 Minuten vorheizen 3-4, backen 3-4.
Backzeit: 15-20 Minuten.
Den restlichen Teig zu einer Rolle formen, sie als Rand auf den vorgebackenen Boden legen und so an die Form drücken, daß ein etwa 5 cm hoher Rand entsteht. Den Biskuitboden in die Form legen.
Für die Füllung die Johannisbeeren mit dem Puderzucker bestäuben und zum Saftziehen stehenlassen. Sie dann zum Abtropfen auf ein Sieb geben. Von dem Saft 200 ml abmessen (evtl. mit Wasser ergänzen), aufkochen und mit der Speisestärke binden. Die Johannisbeeren darunter rühren.
Für dem Rahmguß aus Pudding-Pulver, Zucker, Eigelb, Salz, Milch und Sahne eine Creme kochen.
Zunächst die Johannisbeermasse und dann den Rahmguß auf dem Biskuitboden verteilen.
Strom: Etwa 200 (vorgeheizt).
Gas: 3-4 (nicht vorgeheizt).
Backzeit: Etwa 50 Minuten.
Das erkaltete Gebäck mit Puderzucker bestäuben.

Confiserie-Café Ströbel, Bad Vilbel

Confiserie-Café Ströbel
Frankfurter Str. 55
6368 Bad Vilbel 1

Unsere Geschichte

Als Alfred Ströbel 1934 die erste Konditorei im Ort gründete, verlor Bad Vilbel – die „Stadt der Mineralbrunnen" gleichzeitig seinen letzten Müller.
Das gemütliche Café ist in grünbraunen Tönen gehalten und wirkt durch eine Spiegelwand optisch sehr reizvoll.
Am Büffet gibt es ständig in großer Auswahl mehrere Sahne-, Buttercreme- und Obsttorten, aber auch Spezialitäten wie Sachertorte, Makronen- und Baumkuchentorte. Bad Vilbeler Walnüsse, Bad Vilbeler Ritter Bechtram Torte, eine der 30 Pralinenpackungen und Nidda-Wasser sind zu beliebten Mitbringseln geworden. Nicht zu vergessen sei der „Dresdner Butterstollen". Er wurde von der Deutschen Landschafts-Gesellschaft mit einem silbernen Preis ausgezeichnet.
Bereits zwei Jahre nach dieser Auszeichnung, 1983, wurde das handwerkliche Können auf der InterKondiCa mit einer Goldmedaille gekrönt. Ein Besuch lohnt sich in jedem Fall – zum Entspannen bei Kaffee und Kuchen. Im Sommer sitzen die Gäste gepflegt im großen Kaffeegarten.

Unser Original-Rezept

Vilbeler Kranz

Unsere Zutaten

Teig: 200 g Butter, 200 g Zucker, 1 Päckchen Vanillin-Zucker, 6 Eier, 150 g Weizenmehl, 150 g Weizenpuder, 3 gestrichene Teel. Backpulver Backin, 100 g gemahlene Haselnußkerne.
Füllung: 500 ml (1/2 l) Milch, 150 g Zucker, 1 Päckchen Pudding-Pulver Vanille-Geschmack, 125 ml (1/8 l) Schlagsahne, 2 Eigelb, 500 g Butter, 100 g geröstete, gemahlene Haselnußkerne.
Zum Bestreuen: Gebräunte, gehobelte Mandeln.

Die Herstellung

Für den Teig die Butter geschmeidig rühren. Nach und nach Zucker, Vanillin-Zucker und Eier hinzufügen. Mehl, Weizenpuder und Backin mischen, sieben und mit den Haselnußkernen eßlöffelweise unterrühren.
Den Teig in eine gefettete Kranzform (Durchmesser 24 cm) füllen.
Strom: 175-200 (vorgeheizt).
Gas: 3-4 (nicht vorgeheizt).
Backzeit: Etwa 45 Minuten.
Den Kranz stürzen und auskühlen lassen
Für die Füllung (Creme) Milch und Zucker zum Kochen bringen. Pudding-Pulver, Sahne und Eigelb verrühren, unter Rühren in die kochende Milch geben und aufkochen lassen. Die abgekühlte Creme eßlöffelweise unter die geschmeidig gerührte Butter schlagen. Zuletzt die Haselnußkerne unterrühren.

Den abgekühlten Kranz waagerecht viermal durchschneiden, mit Creme füllen. Von außen mit Creme bestreichen und verzieren (mit Lochtülle) und mit Belegkirschen und Pistazien garnieren.

Konditorei-Café Graupner, Bamberg

Konditorei-Café Graupner
Lange Straße 5
8600 Bamberg

Unsere Geschichte

Das „Haus zum Schwarzmann", in der Langen Gasse 5, wurde erstmals im Jahre 1387 als Sitz eines Lebküchners urkundlich erwähnt. 500 Jahre später hielt das „süße Handwerk" durch Konditormeister Josef Killinger in diesem historischen Gebäude seinen Einzug.
Heute ist das Café Graupner für Bamberg ein Begriff erlesener Konditoren-Kunst und jener geselligen Gemütlichkeit, die den Aufenthalt zu einer wirklichen Erholung macht.
Neben 25 Torten gehören Baumkuchen, Christstollen nach Dresdner Art und Elisenlebkuchen – die auch versandt werden – zu den Spezialitäten des Hauses. Aus Marzipan stehen kleine Andenken wie der Dom, das Alte Rathaus, die Altenburg oder das Bamberger Original – der Humsera – bereit.
Wer „Zwischenstation" in Bamberg machen will, sollte sich für das Hotel des Cafés entscheiden. Besonders wenn in den Sommermonaten im Rosengarten der Residenz tausende von Rosen blühen, empfiehlt sich ein Besuch dieses „Café im Rosengarten".

Unser Original-Rezept

E.T.A. Hofmann-Torte

Unsere Zutaten

Teig: 150 g Butter, 100 g Zucker, 1 Päckchen Vanillin-Zucker, 3 Eier, 6 Eiweiß, 150 g Zucker, 300 g feine Brösel (aus Löffelbiskuits), 80 g Weizenmehl, 9 g (3 gestrichene Teel.) Backpulver Backin, 1 Teel. gemahlener Zimt.
Rum-Tränke: 1/8 l Wasser, 60 g Zucker, 4 Eßl. Rum.
Helle Trüffel-Creme: 100 g Schlagsahne, 200 g Vollmilch-Kuvertüre.
Dunkle Trüffel-Creme: 100 g Schlagsahne, 100 g Halbbitter-Kuvertüre.
Guß: 20 g Schlagsahne, 90 g Halbbitter-Kuvertüre, 45 g Vollmilch-Kuvertüre.

Die Herstellung

Für den Teig die Butter geschmeidig rühren und Vanillin-Zucker nach und nach hinzufügen. Die Eier nach und nach unterrühren. Eiweiß und Zucker steif schlagen und hinzufügen.
Brösel, Mehl, Backin und Zimt mischen, auf den Eischnee geben und alles vorsichtig vermengen. Den Teig in eine Springform (Durchmesser 26 cm, Boden gefettet,

mit Backpapier belegt) füllen.
Strom: 175-200 (vorgeheizt).
Gas: 3-4 (nicht vorgeheizt).
Backzeit: Etwa 40 Minuten.
Das Gebäck gut auskühlen lassen.
Für die Rum-Tränke Wasser und Zucker so lange erhitzen, bis der Zucker gelöst ist. Den Rum hinzufügen und das Ganze abkühlen lassen.
Das ausgekühlte Gebäck dreimal durchschneiden. Den oberen Boden abheben und die drei unteren Böden mit der Rum-Tränke beträufeln.
Für die helle Trüffel-Creme Sahne und Kuvertüre bei schwacher Hitze zu einer geschmeidigen Masse verrühren.
Für die dunkle Trüffel-Creme Sahne und Kuvertüre bei schwacher Hitze zu einer geschmeidgen Masse verrühren.
Die Cremes erkalten lassen und die Böden damit zusammensetzen. Die mittlere Schicht soll aus dunkler Creme bestehen.
Für den Guß Sahne und Kuvertüre bei schwacher Hitze zu einer geschmeidigen Masse verrühren. Die Torte damit überziehen, nach Belieben mit Ornamenten (aus Guß gespritzt) verzieren.

Opern-Café-Confiserie Zollinger, Bayreuth

Opern-Café
Conditorei Zollinger
Opernstr. 16
8580 Bayreuth

Unsere Geschichte

Bayreuthern ist das „Opern-Café" ein Begriff. Es ist dem spätbarocken Markgräfischen Opern-Haus in der Innenstadt angegliedert.
240 Sitzplätze mit Garten umfaßt das Café, zu dem noch ein Filialbetrieb als Verkaufsgeschäft in der Ladenpassage gehört, die Konditorei-Confisierie Zollinger.
Allein 14 Sorten Plunder- und Hefegebäck werden neben Kuchen und Kuchenschnitten angeboten. 14-täglich wechselnde Sahnetorten und 14 verschiedene Buttercremetorten verwöhnen selbst erlauchteste Gaumen, wie die, der Begum Aga Kahn und berühmter Opernstars während der Festspielwochen.
Aus Zollingers Confiserie kommen als Spezialitäten „Bayreuther-Opern-Melodien". Sowie viele Schokolade-Spezialitäten und Baumkuchen.

Unser Original-Rezept

Nibelungen Torte

Unsere Zutaten

Masse I: 4 Eiweiß, 100 g Zucker, 100 g abgezogene, gemahlene Mandeln, 1 leicht gehäufter Teel. gemahlener Zimt, 2 leicht gehäufte Eßl. Kakao.
Masse II: 200 g Butter, 200 g Zucker, 1 Päckchen Vanillin-Zucker, etwas abgeriebene Zitronenschale (unbehandelt), etwas Salz, 1 Eßl. Rum, 4 Eier, 100 g Weizenmehl, 3 g (1 gestrichener Teel.) Backpulver Backin, 200 g abgezogene, gemahlene Mandeln.
Zum Tränken: Etwa 3 Eßl. Kirschwasser.
Buttercreme: 1 Päckchen Pudding-Pulver Vanille-Geschmack, 100 g Zucker, 500 ml (1/2 l) Milch, 3 Eßl. Kirschwasser, 250 g Butter.
Zum Bestäuben: Puderzucker.
Zum Garnieren: Abgezogene Mandeln.

Die Herstellung

Für die Masse I das Eiweiß steif schlagen. Den Zucker nach und nach unterschlagen. Mandeln, Zimt und gesiebten Kakao unterziehen.
Boden und Rand einer gefetteten, ausgemandelten Backform (konisch, Durchmesser 30 cm) damit ausstreichen.
Für die Masse II Butter, Zucker, Vanillin-Zucker, Zitronenschale und Salz geschmeidig rühren. Rum und Eier nach und nach unterrühren. Das mit Backpulver gemischte und gesiebte Mehl und die Mandeln nach und nach eßlöffelweise unterrühren. die Masse in die Form auf den dunklen Teig füllen.
Strom: 175-200 (vorgeheizt).
Gas: 3-4 (nicht vorgeheizt).
Backzeit: Etwa 45 Minuten.

Das Gebäck aus der Form stürzen, erkalten lassen, waagerecht halbieren und mit Kirschwasser tränken.
Für die Buttercreme aus Pudding-Pulver, Zucker und Milch einen Pudding zubereiten, kalt stellen und ab und zu durchrühren. Das Kirschwasser unterrühren.
Die Butter geschmeidig rühren und den Pudding eßlöffelweise darunter rühren.
Die beiden Böden mit Creme zusammensetzen. Die obere Seite ebenfalls bestreichen und mit Puderzucker bestäuben. Rand und obere Seite mit Buttercreme verzieren und mit Mandeln garnieren.

Konditorei-Café Fester, Berlin-Spandau

Konditorei-Café Fester
Markt 4
1000 Berlin 20 (Spandau)

Unsere Geschichte

Als „Ein Stück Spandau" bezeichnen Berliner die traditionsreiche Konditorei Fester.
Hier verkehrten in den 80iger Jahren des vorigen Jahrhunderts das gehobene Bürgertum und die Offiziere der Garnisonsstadt Spandau. Heute hat die Konditorei ihren Sitz am Markt 4, direkt in der Fußgängerzone.
145 Sitzplätze bietet das Café und mit dem Kaffeegarten sind es im Sommer noch weitere 100. Ob Pralinen, Teegebäck oder Torten; alles wird nur unter Verwendung bester Zutaten hergestellt. „Nur mit guter Butter" ist deshalb auch der Leitspruch von Konditormeister Klaus-J. Rödiger und seiner Frau Eva. Kein Wunder, daß auch berühmte Gäste das Café Fester zu schätzen wußten. Hans Albers und Curd Jürgens, Sonja Ziemann und Heidemarie Hatheyer saßen hier bei süßen Köstlichkeiten genauso wie Richard v. Weizäcker und Helmut Kohl.

Unser Original-Rezept

Fester's Spezial-Torte

Unsere Zutaten

Knetteig: 100 g Weizenmehl, 25 g Zucker, 1 Päckchen Vanillin-Zucker, 65 g Butter.
Zum Bestreichen: 3 Eßl. Johannisbeer-Konfitüre.
Biskuitteig: 2 Eier, 2 Eßl. heißes Wasser, 85 g Zucker, 1 Päckchen Vanillin-Zucker, 50 g Weizenmehl, 50 g Speisestärke Gustin, 10 g Kakao, 1 Messerspitze Backpulver Backin, 50 g zerlassene Butter.
Zum Tränken: 30 ml (2 Eßl.) Asbach Uralt.
Buttercreme: 1 Päckchen Pudding-Pulver Gala feiner Schokoladen-Pudding, 50 g Zucker, 500 ml (1/2 l) kalte Milch, 300 g Butter, 50 g Puderzucker, 75 g Rüdesheimer Früchte, 10 g Kakao.
Nougatcreme: 200 g Nuß-Nougat.
Für den Rand: 16 Löffelbiskuits.
Zum Garnieren: Etwas Vollmilch-Kuvertüre.

Die Herstellung

Aus den angegebenen Zutaten einen Knetteig bereiten. Sollte er kleben, ihn eine Zeitlang kalt stellen. Den Teig auf dem gefetteten Boden einer Springform (Durch-

messer 26 cm) ausrollen, mehrmals mit einer Gabel einstechen und mit Springformring backen.
Strom: 200-225 (vorgeheizt).
Gas: 3-4 (nicht vorgeheizt).
Backzeit: Etwa 10 Minuten.
Sofort nach dem Backen das Gebäck vom Springformboden lösen und darauf erkalten lassen.
Für den Biskuitteig Eier und Wasser zu einer schaumigen Masse schlagen. Zucker und Vanillin-Zucker nach und nach unterschlagen.
So lange schlagen, bis eine dickliche Creme entstanden ist. Das mit Gustin, Kakao und Backin gemischte und gesiebte Mehl vorsichtig unterrühren. Dabei die lauwarme Butter mit unterrühren.
Den Teig in eine Springform (Durchmesser 26 cm, Boden gefettet, mit Backpapier belegt) füllen.
Strom: 175-200 (vorgeheizt).
Gas: 3-4 (nicht vorgeheizt).
Backzeit: 20-30 Minuten.
Das Gebäck auskühlen lassen und einmal waagerecht durchschneiden.
Für die Buttercreme aus Pudding-Pulver, Zucker und Milch einen Pudding kochen und während des Erkaltens ab und zu durchrühren, damit sich keine Haut bildet. Butter und gesiebten Puderzucker geschmeidig rühren. 225 g von dem erkalteten Pudding eßlöffelweise unterrühren (den restlichen Pudding anderweitig verwenden).
Den Knetteigboden mit der Johannisbeer-Konfitüre bestreichen und mit der unteren Biskuitbodenhälfte belegen. Diese mit Asbach Uralt beträufeln.
Unter die Hälfte der Buttercreme die Rüdesheimer Früchte rühren. Diese Creme gleichmäßig auf den beträufelten Biskuitboden streichen und mit der anderen Biskuitbodenhälfte bedecken.
Für die Nougatcreme das Nuß-Nougat geschmeidig rühren (evtl. Schüssel leicht anwärmen) und auf den Biskuitboden streichen. Einige Zeit kalt stellen.
Unter die restliche Buttercreme den gesiebten Kakao rühren und vorsichtig auf die Nougatcreme streichen (etwas für den Rand zurücklassen).
Den Rand der Torte mit der zurückgelassenen Creme bestreichen und mit halbierten Löffelbiskuits umstellen.
Die Torte in 16 Stücke einteilen.
Auf jedes Tortenstück ein Schokoladen-„F" legen (flüssige Vollmilch-Kuvertüre als „F" auf Pergamentpapier spritzen, fest werden lassen). Die Mitte der Torte mit geschabter Vollmilch-Kuvertüre bestreuen.

Café Kranzler, Berlin

Café Kranzler
Kurfürstendamm 18/19
1000 Berlin 15

Unsere Geschichte

Was macht ein Wiener im Berlin des Jahres 1816? Natürlich Pralinen und Zuckergebäck. So auch Johann George Kranzler, der zuerst im Palais des Kanzlers von Hardenburg und später als preußischer Hofkonditor die erlauchte Welt am Hof verwöhnte. Acht Jahre später eröffnete er sein erstes Caféhaus „Unter den Linden" Ecke „Friedrichstraße" – damals eine der belebtesten und schönsten Straßen Berlins (jetzt im Osten der Stadt gelegen). Erst über 100 Jahre später kam ein zweites Café hinzu. Heute setzt das Kranzler auf dem Kurfürstendamm die Tradition des Gründers fort.
Hier trifft man sich schon zum Frühstück, mittags zu einem kleinen Imbiß oder am Nachmittag bei Kaffee und Kuchen.
Rund 35 Torten und ein reiches Kuchenbüffet machen die Auswahl nicht immer leicht. Doch ein Besuch im Kranzler lohnt sich, denn er gehört zu einem Kudamm-Bummel unbedingt dazu.

Unser Original-Rezept

Apfeltorte mit Walnüssen

Unsere Zutaten

Teig: 250 g Butter, 250 g Zucker, 1 Päckchen Vanillin-Zucker, einige Tropfen Backöl Zitrone, 4 Eier, 125 g Weizenmehl, 125 g Speisestärke Gustin, 6 g (2 gestrichene Teel.) Backpulver Backin.
Füllung: 100 g Walnußkerne, 6-8 Äpfel (je nach Größe).
Zum Bestäuben: Etwas Puderzucker.

Die Herstellung

Für den Teig die Butter geschmeidig rühren. Nach und nach Zucker, Vanillin-Zucker und Backöl unterrühren. Die Eier nach und nach unterrühren.
Mehl, Gustin und Backin mischen, sieben und eßlöffelweise unterrühren.
Den Teig in eine Springform (Durchmesser 28 cm, Boden gefettet) füllen und glattstreichen.
Für die Füllung die Walnußkerne grob hacken und auf den Teig streuen.
Die Äpfel schälen, vierteln, entkernen und gleichmäßig auf dem Teig verteilen (sinken während des Backens in den Teig).
Strom: 175-200 (vorgeheizt).
Gas: 3-4 (nicht vorgeheizt).
Backzeit: Etwa 1 Stunde.
Den erkalteten Kuchen mit Puderzucker bestäuben.

Konditorei-Café Wölke, Bielefeld-Sennestadt

Konditorei-Café Wölke
Rheinallee 49+51
4800 Bielefeld 11

Unsere Geschichte

Rund 180 Sorten Kuchen bietet die Konditorei Wölke ihren Gästen an einer der größten Kuchentheken Deutschlands, mit 15 m Länge. Einmalig ist der besondere Service an dieser Theke:
Über Großdias in den Deckenblenden, und kleinere in den Thekenblenden, kann der Gast sich über die immer wieder neuen Erzeugnisse sowie über die Preise informieren und seine Auswahl treffen. Das Café ist sehr ansprechend gestaltet. Holz an Decken und Wänden und eine harmonisch abgestimmte Beleuchtung sorgen für eine einladende Atmosphäre. 110 Gäste finden hier Platz. Sehr attraktiv ist auch die Gartenanlage vor dem Café. Wer sich auf dem Weg von Bielefeld in Richtung Paderborn, vor seiner Autobahnfahrt, noch mit Kuchen und Sahnetorten oder kleineren Gerichten verwöhnen lassen will, sollte dieses Café besuchen. Konditormeister Wölke und seine 40 Mitarbeiter heißen jeden Gast herzlich willkommen.

Unser Original-Rezept

Wölke-Spezial-Sahnetorte

Unsere Zutaten

Knetteigboden: 150 g Weizenmehl, 40 g Zucker, 1 Päckchen Vanillin-Zucker, 100 g Butter.
Zum Bestreichen: Etwas Johannisbeer-Gelee, rot.
Haselnußböden: 150 g Butter, 150 g gesiebter Puderzucker, 60 g Marzipan-Rohmasse, 3 Eier, 120 g Weizenmehl, 30 g Speisestärke Gustin, 50 g gemahlene, geröstete Haselnußkerne, 6 g (2 gestrichene Teel.) Backpulver Backin.
Nougat-Sahne: 2 Blatt weiße Gelatine, 1½ Eßl. heißes Wasser, 200 g Schlagsahne, 40 g Nuß-Nougatcreme, 30 g Mozart-Likör.
Eierlikör-Sahne: 2 Blatt weiße Gelatine, 1½ Eßl. heißes Wasser, 300 g Schlagsahne, 60 g Eierlikör, knapp 1 Eßl. Weinbrand.
Für den Rand: Gebräunte, gehobelte Mandeln.
Zum Garnieren: Geraspelte Schokolade, Schoko-Dekor-Blätter.

Die Herstellung

Für den Knetteigboden die Zutaten zu einem Knetteig verarbeiten. Ihn eine Zeitlang kalt stellen. Den Teig auf dem gefetteten Boden einer Springform (Durchmesser 28 cm) ausrollen, mehrmals mit einer Gabel einstechen und mit Springformring backen.
Strom: 200-225 (vorgeheizt).
Gas: 5 Minuten vorheizen 3-4, backen 3-4.
Backzeit: Etwa 15 Minuten.
Sofort nach dem Backen den Boden vom Springformboden lösen und darauf erkalten lassen.
Für die Nußböden Butter, Puderzucker und Marzipan geschmeidig rühren. Die Eier nach und nach unterrühren. Zuletzt das mit Haselnußkernen und Backin gemischte Mehl unterrühren.
Aus dem Teig 3 Böden (Durchmesser 28 cm) backen. Dazu jeweils 1/3 des Teiges auf den gefetteten Springformboden streichen. Mit Springformring backen.
Strom: 175-200 (vorgeheizt).
Gas: 5 Minuten vorheizen 3-4, backen 3-4.
Backzeit: Etwa 10 Minuten.
Die Böden sofort nach dem Backen vom Springformboden lösen.
Für die Nougat-Sahne die Gelatine in kaltem Wasser einweichen, gut ausdrücken und in dem heißen Wasser auflösen. Die Sahne steif schlagen. Die lauwarme Gelatinelösung und die mit Mozart-Likör geschmeidig gerührte Nuß-Nougatcreme unterrühren.

Den Knetteigboden dünn mit Johannisbeer-Gelee bestreichen und mit dem ersten Nußboden belegen. Darauf die Nougat-Sahne streichen und mit dem zweiten Nußboden bedecken.
Diesen dünn mit Johannisbeer-Gelee bestreichen und mit dem dritten Boden bedecken.
Für die Eierlikör-Sahne die Gelatine in kaltem Wasser einweichen, gut ausdrücken und in dem heißen Wasser auflösen.
Die Sahne steif schlagen. Die lauwarme Gelatinelösung, den Eierlikör und den Weinbrand unterrühren.
Die Sahne auf den dritten Nußboden streichen.
Außerdem den Tortenrand bestreichen und mit Mandeln bestreuen. Die obere Seite der Torte mit steifgeschlagener Sahne verzieren und mit Schoko-Dekor-Blättern und Schokolade garnieren.

Konditorei-Café Stecker, Bremen

Konditorei-Café
Stecker
Knochenhauerstr. 14
(Die kleine Konditorei)
Am Markt 14
(Raths-Konditorei)
Am Wall 153/156
(Confiserie)

Unsere Geschichte

Alle Stecker-Cafés liegen im Umkreis von 500 m im Stadtkern Bremens, das Stammhaus in der Knochenhauerstraße 14, die Filialen, Am Wall 153/156 und am Markt 11.
Stecker, das ist bremische Tradition. Hier trifft man sich bei Savarins, beim Butterkuchen – gebacken nach dem Geheimrezept des Gründers – oder als Eingeweihter, bei der „Indianertorte".
„Konditern gehen" zu Steckers ist für viele Bremer einmal in der Woche schon fast ein „Muß". Man plaudert bei einem Stück der 50 verschiedenen Sahnetorten, Lucia-Gebäck, Steckers Extra, genießt die Viktoria oder trifft seine Wahl unter den vielen Petit fours. Im Sommer sind die Rot-Weiße Hanseaten Eisbombe und ein feines Cointreau-Parfait-Eis eine himmlisch-kühle Erfrischung. „Mal eben zu Stecker" ist eine fest Redewendung in Bremen. Aber: Bei Stecker ist die Wahl nicht leicht. Denn die Auswahl am Büffet ist wirklich riesig!

Unser Original-Rezept

Viktoria

Unsere Zutaten

Brandteig: 125 ml (1/8 l) Milch, 125 ml (1/8 l) Wasser, 25 g Butter, etwas Salz, 200 g Weizenmehl, 3 Eier, 3 Eigelb, 1/2 gestrichener Teel. Backpulver Backin.
Guß: 200 g gesiebter Puderzucker, 2 Eßl. Zitronensaft, 2 Eßl. Wasser.

Die Herstellung

Für den Teig Flüssigkeit, Butter und Salz zum Kuchen bringen. Das gesiebte Mehl auf einmal in die von der Kochstelle genommene Flüssigkeit schütten, zu einem glatten Kloß rühren und unter Rühren noch etwa 1 Minute erhitzen.
Den heißen Kloß sofort in eine Schüssel geben und nach und nach Eier und Eigelb unterrühren. Das Backpulver in den erkalteten Teig rühren. Den Teig in einen Spritzbeutel (große gezackte Tülle) füllen und in Form einer „8" auf gefettete Pergamentpapierstücke (15 x 15 cm) spritzen.
Durch Eintauchen der Papiere in siedendes Ausbackfett den Teig lösen und schwimmend auf beiden Seiten hellbraun backen.
Das Gebäck mit einem Schaumlöffel herausnehmen und gut abtropfeen lassen.

Für den Guß den Puderzucker mit Zitronensaft und Wasser glattrühren. Das Gebäck damit überziehen.
Beigabe: Steifgeschlagene Schlagsahne.

Konditorei-Café Schubart, Coburg

Konditorei-Café Schubart
Mohrenstr. 11
und: Markt 11
8630 Coburg

Unsere Geschichte

In der breiten Mohrenstraße gelegen, bietet das Café mit Sommerterrasse 200 Gästen Platz.
Neben dem täglichen, reichhaltigen Angebot von insgesamt etwa 200 Sorten (Torten, diverses Kleingebäck der feinen Konditorei und einer großen Auswahl von Frucht- und Plunderteilchen sowie Tee- und Cafékuchen) sind Baumkuchen das Markenzeichen des Café Schubarts.
Den Höhepunkt bildet die Herzogtum-Coburgtorte der 1891 gegründeten Konditorei, die 1904 zum Hoflieferanten des Herzoghauses von Sachsen Coburg und Gotha ernannt wurde.
Heute wird das Haus in der 4. Generation geführt und verwöhnt seine Gäste auf „fürstliche" Weise.

Unser Original-Rezept

Nußkuchen

Unsere Zutaten

Teig: 200 g Butter, 170 g Zucker, 1 Päckchen Vanillin-Zucker, 1 Prise Zimt, 4 Eier, 120 g Weizenmehl, 3 gestrichene Teel. Backpulver Backin, 270 g gemahlene Haselnußkerne.
Guß: 100 g Vollmilch-Kuvertüre, 50 g Halbbitter-Kuvertüre.

Die Herstellung

Für den Teig die Butter geschmeidig rühren. Nach und nach Zucker, Vanillin-Zucker, Zimt und Eier hinzufügen. Mehl und Backin mischen, sieben, mit den Haselnußkernen vermengen und eßlöffelweise unter die Butter-Zucker-Eiermasse rühren. Den Teig in eine gefettete Kranzform (Durchmesser 24 cm) füllen.
Strom: 175-200 (vorgeheizt).
Gas: 3-4 (nicht vorgeheizt).
Backzeit: Etwa 45 Minuten.

Den ausgekühlten Kuchen mit aufgelöster Kuvertüre (jeweils in einem kleinen Topf im Wasserbad bei schwacher Hitze zu einer geschmeidigen Masse verrühren) überziehen und überspinnen (besprenkeln).

Konditorei-Café Wortmann, Detmold

Konditorei-Café
Confiserie Wortmann
Lange Straße 33
4930 Detmold

Unsere Geschichte

In der ehemaligen „Hofkonditorei Braune", die auf das 18. Jahrhundert zurückgeht, verkehrten die Fürstenfamilie zu Lippe/Detmold sowie alle Persönlichkeiten von Theater und Musikakademie. Heute paaren sich eine innenarchitektonisch gelungene Caféhaus-Atmosphäre mit dem Service und Angebot einer modernen Konditorei.
Café Wortmann – mit Straßencafé und Altstadtgarten – hat insgesamt 350 Plätze und liegt inmitten der Fußgängerzone.
Es wird von Peter Wortmann – einst Bundessieger der Konditoren – geführt, der in seinem Kuchenbuffet über 20 Torten und viele DLG-prämierte Gebäcke bereithält, wie: Butterkuchen, Bienenstich, Sacherschnitten und Braunschweiger, sowie Apfelstrudel und die Spezialität, die „Lippische Rose", ein Nußkuchen mit warmen Früchten.
Allein 40 Eissorten stehen auf der Speisekarte.
Bekannt ist das Café Wortmann auch durch seine weltweiten Stollen-Lieferungen.

Unser Original-Rezept

Fürsten-Käse-Torte

Unsere Zutaten

Knetteig: 100 g Butter, 50 g gesiebter Puderzucker, 1 Päckchen Vanillin-Zucker, 50 g Marzipan-Rohmasse, etwas Salz, 2 Tropfen Backöl Zitrone, 150 g Weizenmehl, 3 g (1 gestrichener Teel.) Backpulver Backin.
Zum Bestreichen: 2 Eßl. Aprikosen-Konfitüre.
Zum Belegen: 1 heller Wiener Boden (1/2 cm).
Quarkmasse: 1 kg Speisequark, 180 g Zucker, 45 g Speisestärke Gustin, 3 gestrichene Teel. Backpulver Backin, 3 Eier, Saft und abgeriebene Schale von 1 Zitrone (unbehandelt), 200 ml Milch, 100 g zerlassene, abgekühlte Butter.
Mandelmasse: 50 g zerlassene Butter, 70 g Zucker, 1 Ei, 50 g abgezogene, gehobelte Mandeln.

Die Herstellung

Für den Knetteig Butter, Puderzucker, Vanillin-Zucker, Marzipan, Salz und Backöl zu einer einheitlichen Masse verrühren und mit dem mit Backin gemischten und gesiebten Mehl verkneten.
Den Teig evtl. kalt stellen.
Die Hälfte des Teiges auf dem gefetteten Boden einer Springform (Durchmesser 28 cm) ausrollen und mehrmals mit einer Gabel einstechen.
Strom: 200-225 (vorgeheizt).
Gas: 5 Minuten vorheizen 3-4, backen 3-4.
Backzeit: Etwa 15 Minuten.

Die übrige Teighälfte zu einer Rolle formen, sie als Rand auf den vorgebackenen Boden legen und bis zur Kante des Springformringes hochdrücken.
Dann den vorgebackenen Boden mit Aprikosen-Konfitüre bestreichen und mit dem Wiener Boden belegen.
Für die Quarkmasse alle Zutaten (Speisestärke und Backin mischen) zu einer glatten Creme rühren, in die Form geben und glattstreichen.
Für die Mandelmasse Butter, Zucker und Ei verrühren. Die Mandeln unterrühren. Die Masse gleichmäßig auf der Quarkmasse (mit einem Pinsel) verstreichen.
Strom: Etwa 180 (vorgeheizt)
Gas: Etwa 3 (nicht vorgeheizt).
Backzeit: Etwa 70 Minuten.

Konditorei-Café Wolf, Dortmund

Café Wolf
Kampstraße 45
4600 Dortmund 1

Unsere Geschichte

Als „Treff auf feine Art" ist das Café Wolf den Dortmundern bekannt.
Mitten in der neuen City, im Bankenviertel, entstand hier 1978 eine idyllische Kaffeehaus-Oase im Stil vergangener Epochen.
Vom Verkaufsraum erreicht man über eine Wendeltreppe den oberen Caféraum. Im Sommer ist die Terrasse ein beliebter Treffpunkt für Jung und Alt. Denn von ihr kann man den herrlichen Panoramablick über Dortmund bei „Kaffee und Kuchen" genießen. Über 20 Torten stehen neben einem großen Kuchenangebot und täglich frischen Trüffeln zur Wahl. Tortenspezialitäten sind die Baumkuchentorte, Herrentorte, Baisertorte und die Flockensahnetorte. Teetrinkern werden erlesene Teesorten im original japanischen Reiskornporzellan serviert.
Für Sie zuhause gibt Ihnen der Konditormeister des Café Wolf, Werner Rhinow, eines seiner Spezialrezepte preis; einen „Rehrücken", den Sie unbedingt probieren sollten.

Unser Original-Rezept

Rehrücken

Unsere Zutaten

Dunkler Teig: 2 Eiweiß, 50 g Zucker, 50 g gemahlene Haselnußkerne, 1 schwach gehäufter Eßl. (7 g) Kakao.
Heller Teig: 100 g Butter, 150 g Zucker, 1 Päckchen Vanillin-Zucker, 4 Eier, 100 g Weizenmehl, 3 g (1 gestrichener Teel.) Backpulver Backin, 100 g gemahlene Haselnußkerne, 100 g abgezogene, gehackte Haselnußkerne.
Guß: 100 g Zartbitter-Schokolade, etwas Kokosfett.
Zum Garnieren: Gemahlene Pistazien und gehackte Mandeln (abgezogen).

Die Herstellung

Für den dunklen Teig Eiweiß und Zucker steif schlagen. Haselnußkerne und gesiebten Kakao vorsichtig unterziehen.
Eine gefettete, gut gemehlte Rehrückenform (30 cm lang) damit ausstreichen.
Für den hellen Teig die Butter geschmeidig rühren. Nach und nach Zucker, Vanillin-Zucker und Eier unterrühren.
Das mit Backin gemischte und gesiebte Mehl eßlöffelweise unterrühren. Zuletzt die Haselnußkerne hinzufügen. Den Teig in die Form geben.
Strom: 175-200 (vorgeheizt).
Gas: 3-4 (nicht vorgeheizt).
Backzeit: 50-60 Minuten.
Das Gebäck auskühlen lassen.

Für den Guß die in kleine Stücke gebrochene Schokolade und das Kokosfett in einem Topf im Wasserbad bei schwacher Hitze zu einer geschmeidigen Masse verrühren.
Den Rehrücken damit überziehen und mit Pistazien und Mandeln garnieren.

Konditorei-Café Dobbelstein, Duisburg

Konditorei-Café Dobbelstein
Sonnenwall 8 und
Königstr. 23/25
4100 Duisburg 1

Unsere Geschichte

Bereits 1858 eröffnete Otto Friedrich Dobbelstein auf dem Burgplatz in Duisburg seinen „Konditoreibetrieb" und ergänzte diesen zwei Jahre später mit einer „Kaffeestube" – vermutlich dem ältesten Caféhaus des Ruhrgebiets. Seit 1970 wird das traditionsreiche Haus von Otto Dobbelstein in 4. Generation geführt. Aus einigen alten Kaffeemühlen, die er bei der Übernahme fand, ist heute eine Sammlung mit über 400 Stück gewachsen, die neben alten handgeschnitzten Modeln die Wände des Cafés zieren. In der 1. Etage kann man in einem kleinen Museum Geschäfts- und Rezeptbücher des Gründers aus dem Jahre 1858 bewundern. Und an der 5 m langen Kuchentheke hat der Gast die Wahl zwischen den himmlischsten Torten, Duisburger Pralinen, wie „Duisburger Dreck" oder „Ruhrkohle Nr. 3" – verpackt in kleinen Jutesäckchen.

Unser Original-Rezept

Diplomaten-Kirsch-Torte

Unsere Zutaten

Teig: 125 g Marzipan-Rohmasse, 250 g Butter, 250 g Zucker, 1 Beutel „Unser Bestes" Vanille-Aroma, 3 Tropfen Backöl Zitrone, 5 Eier, 250 g Weizenmehl, 6 g (2 gestrichene Teel.) Backpulver Backin.
Füllung: 1 heller Wiener Boden (gut 1 cm dick), 500 g entsteinte Sauerkirschen.
Zum Aprikotieren: 30 g Zucker, knapp 2 Eßl. Wasser, 50 g durch ein Sieb gestrichene Aprikosen-Konfitüre.
Marzipan: 200 g Marzipan-Rohmasse, 100 g gesiebter Puderzucker.
Glasur: 100 g gesiebter Puderzucker, etwas Wasser.

Die Herstellung

Für den Teig Marzipan und Butter geschmeidig rühren. Nach und nach Zucker, Aroma, Backöl und Eier unterrühren. Das mit Backin gemischte und gesiebte Mehl eßlöffelweise unterrühren.
1/3 des Teiges in eine Springform (Durchmesser 28 cm, Boden gefettet) füllen, glattstreichen und mit dem Wiener Boden belegen. Darauf die gut abgetropften Sauerkirschen und den restlichen Teig verteilen.
Strom: 175-200 (vorgeheizt).
Gas: 3-4 (nicht vorgeheizt).
Backzeit: Etwa 1 Stunde.
Das Gebäck abkühlen lassen.
Zum Aprikotieren Zucker und Wasser unter Rühren erhitzen, bis der Zucker gelöst ist. Die Aprikosen-Konfitüre hinzufügen und so lange kochen lassen, bis die Masse anfängt dicklich zu werden. Das Gebäck damit bestreichen.

Für die Marzipandecke Marzipan und Puderzucker gut verkneten und dünn auf gesiebtem Puderzucker ausrollen.
Das Gebäck damit umhüllen.
Für die Glasur den Puderzucker mit so viel Wasser verrühren, daß eine dünnflüssige Masse entsteht. Das Gebäck damit glasieren.
Nach Belieben mit Schokoladenguß verzieren, mit roten Belegkirschen garnieren.

Café Nouvelle, Düsseldorf

Unsere Geschichte

Nouvelle – also neu – ist das Café des Gastronomen Stockheim von der Idee, vom Konzept und der Architektur in jeder Beziehung. Wo sonst wird dem Gast ein Wasserfall, die einzige Weinorgel der Welt – zusätzlich zu einer Kaffeebar mit 22 Kaffeearten und einem 10 m langen Büffet mit reicher Kuchenauswahl geboten. Auch für dezente Musikuntermalung ist selbstverständlich gesorgt. Sehr familienfreundlich ist die Frühstücks-Idee im „Café Nouvelle": z. Z. gratis für Kinder unter 90 cm, halber Preis bis 120 cm.

Café Stockheim-Nouvelle
Kasernenstr. 1
4000 Düsseldorf

Unser Original-Rezept

Kirschmichel-Torte

Unsere Zutaten

Teig: 400 g entsteinte Sauerkirschen (aus dem Glas), 250 g Butter, 150 g Marzipan-Rohmasse, 250 g Zucker, 3 Eier, Zitrone, Vanille, Salz, 300 g Weizenmehl, 60 g Speisestärke Gustin, 6 g (2 gestrichene Teel.) Backpulver Backin.
Zum Aprikotieren: 30 g Zucker, 25 ml (knapp 2 Eßl.) Wasser, 50 g durch ein Sieb gestrichene Aprikosen-Konfitüre.
Glasur: 65 g gesiebter Puderzucker, 1 Eßl. Wasser.
Für den Rand: Gehackte, gebräunte Mandeln.

Die Herstellung

Die Sauerkirschen zum Abtropfen auf ein Sieb geben.
Für den Teig Butter und Marzipan zu einer geschmeidigen Masse verrühren. Zucker, Eier und Gewürze nach und nach unterrühren.
Mehl, Gustin und Backin mischen, sieben, eßlöffelweise unterrühren. Die gut abgetropften Sauerkirschen mit Mehl bestäuben, unter den Teig heben. Ihn in eine Springform (Durchmesser 28 cm, Boden gefettet) füllen.
Strom: 175-200 (vorgeheizt).
Gas: 3-4 (nicht vorgeheizt).
Backzeit: Etwa 45 Minuten.
Das Gebäck aus der Form lösen, abkühlen lassen.
Zum Aprikotieren Zucker und Wasser unter Rühren erhitzen, bis der Zucker gelöst ist.
Die Aprikosen-Konfitüre hinzufügen, so lange kochen, bis die Masse anfängt dicklich zu werden.
Das Gebäck damit bestreichen.
Für die Glasur Puderzucker und Wasser zu einer dünnflüssigen Masse verrühren. Das Gebäck damit glasieren. Den Tortenrand mit gehackten, gebräunten Mandeln bestreuen. Die Torte nach Belieben mit Marzipanrosetten und roten Belegkirschen garnieren.

Viktoria-Café, Eberbach

Viktoria-Café
Friedrichstr. 5-9
6930 Eberbach
und
Hauptstr. 49
6900 Heidelberg

Unsere Geschichte

Viktoria-Spezialitäten vom Konditormeister Heiner Strohauer haben eine ganz besondere Bedeutung in diesem 100 Mitarbeiter starken Betrieb (in der Saison sogar 170 Mitarbeiter).
Denn in Eberbach wurde Königin Viktoria von England geboren. Ihre Eltern, der Herzog von Kent und die Herzogin von Coburg-Gotha-Sachsen, wohnten in diesem idyllischen Städtchen.
1962 lieferte die Konditorei die erste Torte an Königin Elizabeth II. und erhielt dafür einen Dankesbrief. 24 Jahre später gehört Lady Di – Prinzessin Diana – genauso zu den Empfängern, wie Ministerpräsident Sato von Japan und Königin Silvia von Schweden. 40.000 Lizenzen wurden bisher an fast alle französischen Patisserien vergeben, was den hohen Qualitätsstandard unter Beweis stellt. Ein Farbprospekt – fast schon ein Katalog – zeigt ein Torten-, Kuchen- und Patisserieangebot, das seines gleichen sucht.

Unser Original-Rezept

Silvia-Torte

Unsere Zutaten

Teig: 400 g Butter, 400 g Zucker, 1 Beutel „Unser Bestes" Vanille-Aroma, etwas abgeriebene Zitronenschale (unbehandelt), 6 Eier, 300 g Weizenmehl, 100 g Weizenpuder, 9 g (3 gestrichene Teel.) Backpulver Backin.
Zum Tränken: 4 Eßl. Wasser, 40 g Zucker, 200 ml Kirschwasser.
Zum Bestreichen: 50 g Butter, 30 g Puderzucker.
Marzipan zum Belegen: 150 g Marzipan-Rohmasse, 50 g gesiebter Puderzucker.
Guß: 150 g Zartbitter-Schokolade, etwas Kokosfett.
Zum Garnieren: Rote Belegkirschen.

Die Herstellung

Für den Teig die Butter geschmeidig rühren. Nach und nach Zucker, Aroma, Zitronenschale und Eier unterrühren. Das mit Weizenpuder und Backin gemischte und gesiebte Mehl eßlöffelweise unterrühren.

Den Teig in eine Springform (Durchmesser 28 cm, Boden gefettet) füllen.
Strom: 175-200 (vorgeheizt).
Gas: 3-4 (nicht vorgeheizt).
Backzeit: Etwa 1 Stunde.
Das Gebäck auskühlen lassen.
Zum Tränken Wasser und Zucker 2 Minuten kochen und dann erkalten lassen. Das Kirschwasser hinzufügen.
Zum Bestreichen Butter und gesiebten Puderzucker zu einer geschmeidigen Masse verrühren. Das ausgekühlte Gebäck damit bestreichen.

Zum Belegen Marzipan und Puderzucker gut verkneten und dünn auf gesiebtem Puderzucker für Rand und Decke ausrollen. Rand und obere Seite des Gebäcks damit belegen.
Für den Guß die Schokolade in kleine Stücke brechen und mit Kokosfett in einem kleinen Topf im Wasserbad bei schwacher Hitze zu einer geschmeidigen Masse verrühren. Die Torte mit einem Teil des Gusses überziehen und am Rand mit Hilfe eines Teelöffels Verzierungen eindrücken. Sobald der Guß fest ist, die Torte umdrehen. Die untere Seite mehrmals mit einem Holzstäbchen einstechen, mit der Kirsch-Wasser-Flüssigkeit beträufeln (tränken) und mit dem restlichen Guß bestreichen. Sobald dieser Guß fest ist, die Torte wieder umdrehen.

Konditorei-Café Altmann, Erlangen

Konditorei-Café Altmann
Nürnberger Straße 1
8520 Erlangen

Unsere Geschichte

1980 wurde das Café Altmann in der Fußgängerzone im Stadtkern Erlangens eröffnet.
Es ist im Biedermeierstil sehr geschmackvoll eingerichtet. Spiegel mit roten Samtvorhängen sind als Fenster dekoriert und unterstützen das Interieur auf elegante Weise. Der Treppenaufgang ist mit alten Erlanger Motiven bemalt.
250 Sitzplätze, im Sommer zusätzlich 150 Sitzplätze im Freien, stehen zur Verfügung. Über 30 Torten werden täglich angeboten.
Aber auch das dänische Plundergebäck, der Apfel-, Käse- und Streuselkuchen sind sehr zu empfehlen. Teeliebhaber finden eine reiche Auswahl vor. Die Eisspezialitäten – sie werden nach original Schweizer Rezepturen hergestellt – sind einzigartig in Erlangen.

Unser Original-Rezept

Ananas-Marzipan-Torte

Unsere Zutaten

Biskuitteig I: 4 Eier, 2 Eßl. heißes Wasser, 200 g Zucker, 1 Päckchen Vanillin-Zucker, 200 g Weizenmehl, 1 Messerspitze Backpulver Backin.
Biskuitteig II: 2 Eier, 1 Eßl. heißes Wasser, 100 g Zucker, 1 Päckchen Vanillin-Zucker, 50 g Weizenmehl, 20 g Kakao, 1 Messerspitze Backpulver Backin.
Rum-Tränke: 125 g Zucker, gut 4 Eßl. Wasser, 150 ml Rum.
Buttercreme: 1 Päckchen Pudding-Pulver Vanille-Geschmack, 100 g Zucker, 500 ml (1/2 l) Milch, 650 g Butter, 150 g Zucker, 50 ml (gut 3 Eßl.) Rum.
Zum Bestreichen: 3 Eßl. Ananas-Konfitüre.
Marzipan zum Füllen und Umlegen: 300 g Marzipan-Rohmasse, 150 g Puderzucker.
Guß: 200 g Zartbitter-Schokolade, 20 g Kokosfett.

Die Herstellung

Für Teig I Eier und Wasser mit einem Handrührgerät mit Rührbesen auf höchster Stufe in 1 Minute schaumig schlagen. Zucker und Vanillin-Zucker mischen, in 1 Minute einstreuen und dann noch etwa 2 Minuten schlagen.
Mehl und Backin mischen. Die Hälfte davon auf die Eiercreme sieben und unterrühren. Dann den Rest unterrühren. Den Teig in eine Springform (Durchmesser 28

cm, Boden gefettet, mit Backpapier belegt) füllen.
Strom: 175-200 (vorgeheizt).
Gas: 3-4 (nicht vorgeheizt).
Backzeit: 20-30 Minuten.
Das Gebäck aus der Form nehmen und gut auskühlen lassen.
Für Teig II Eier und Wasser mit einem Handrührgerät mit Rührbesen auf höchster Stufe in etwa 1 Minute schaumig schlagen. Zucker und Vanillin-Zucker mischen, in 1 Minute einstreuen und dann noch etwa 2 Minuten schlagen.
Mehl, Kakao und Backin mischen und auf niedrigster Stufe unterrühren.
Herdeinstellung und Backzeit s. oben.
Das Gebäck aus der Form nehmen und gut auskühlen lassen.
Für die Rum-Tränke Zucker und Wasser aufkochen. Den Rum hinzufügen und abkühlen lassen.
Für die Buttercreme aus Pudding-Pulver, Zucker (100 g) und Milch einen Pudding kochen, kalt stellen und ab und zu umrühren, damit sich keine Haut bildet.
Butter und Zucker (150 g) geschmeidig rühren.
Zunächst den Rum und dann den erkalteten Pudding eßlöffelweise unterrühren.
Den hellen Boden waagerecht zweimal durchschneiden. Die Schnittfläche des oberen Bodens mit der Hälfte der Rumflüssigkeit beträufeln.
Die Buttercreme in 4 Teile teilen.
Den oberen Boden zunächst mit 1/4 der Buttercreme und dann dünn mit Ananas-Konfitüre bestreichen.
Den zweiten hellen Biskuitboden darauf legen, mit der restlichen Rumflüssigkeit beträufeln und mit 1/4 der Buttercreme und Ananas-Konfitüre bestreichen. Darauf den dunklen Biskuitboden legen und dünn mit Ananas-Konfitüre bestreichen.
Das Marzipan mit dem gesiebten Puderzucker gut verkneten und auf gesiebtem Puderzucker ausrollen. 2 Platten (Durchmesser 28 cm) und einen Streifen (Rand) daraus schneiden. Eine Platte auf die Ananas-Konfitüre legen, mit 1/4 der Buttercreme bestreichen und mit dem letzten hellen Boden bedecken.
Die Torte stürzen. Rand und obere Seite mit der restlichen Buttercreme bestreichen. Einen Streifen Marzipan um die Torte und die übrige Marzipanplatte auf die Torte legen.
Für den Guß die in kleine Stücke gebrochene Schokolade und das Kokosfett in einem kleinen Topf im Wasserbad bei schwacher Hitze zu einer geschmeidigen Masse verrühren.
Die Torte damit überziehen und nach Belieben mit zur Hälfte in Guß getauchten Ananastücken und silbernen Liebesperlen garnieren.
Veränderung: Nur den Rand der Torte mit Guß bestreichen. Die obere Seite mit Guß verzieren und entsprechend garnieren.

Konditorei-Café Laumer, Frankfurt

Café Laumer
Bockenheimer Landstraße 67
6000 Frankfurt/Main 1

Unsere Geschichte

Wenn in Nobelhotels, Banken, Büros oder Werbeagenturen Frankfurts Teegebäck zum Kaffee gereicht wird, ist es meist aus dem „Laumer".
Teegebäck ist jedoch nur eine von vielen Spezialitäten, die Michael Rimbach in seinem traditionsreichen Café in der Bockenheimer Landstraße 67, im vornehmen Frankfurter Westend, bietet. Berühmt sind auch die „Herrentorte Laumer", die Eierschecken nach Dresdner Rezept oder die Baumkuchentorte.
In dem rundangelegten Verkaufsraum mit halbrundem Kuchenbüffet steht ein beeindruckendes Angebot höchster Konditorenkunst zur Auswahl. Qualität ist das oberste Gebot. So werden dann auch die Früchte für Marmeladen, Obstkuchen und Torten in einer 90.000 qm großen Anlage vor der Stadt selbst gezogen.
150 Plätze gibt es in dem stilvoll eingerichteten Café, das mit monatlich wechselnden Bildern Frankfurter Künstler dekoriert ist. Bei gutem Wetter kommen noch 150 Gartenplätze hinzu.

Unser Original-Rezept

Herrentorte Laumer

Unsere Zutaten

Teig: 6 Eiweiß, 140 g Zucker, 6 Eigelb, 80 g Zucker, 1 Päckchen Vanillin-Zucker, 250 g Butter, 250 g Weizenmehl, 1 Messerspitze Backpulver Backin.
Weißweincreme: 2 Päckchen Pudding-Pulver Vanille-Geschmack, 4 Eigelb, 500 ml (1/2 l) Weißwein, 140 g Zucker, 1 Eßl. Zitronensaft, 150 g Marzipan-Rohmasse, 3 Eßl. Weinbrand.
Trüffelcreme: 100 g Schlagsahne, 100 g Vollmilch-Kuvertüre, 100 g Halbbitter-Kuvertüre, 30 g Biskin.

Die Herstellung

Für den Teig Eiweiß und Zucker steif schlagen.
Eigelb, Zucker und Vanillin-Zucker cremig schlagen. Die Butter geschmeidig rühren. Die Eigelb-Zuckermasse unterrühren. Den Eischnee darauf geben. Das mit Backin gemischte Mehl darüber sieben und alles vorsichtig vermengen.
Aus dem Teig 7 Böden backen. Dazu jeweils etwas Teig auf den gefetteten Boden einer Springform (Durchmesser 26 cm) streichen. Ohne Springformring backen.
Strom: 175-200 (vorgeheizt).
Gas: 5 Minuten vorheizen 3-4, backen 3-4.
Backzeit für jeden Boden: Etwa 15 Minuten.
Die Böden sofort nach dem Backen lösen und erkalten lassen.
Für die Weißweincreme Pudding-Pulver und Eigelb mit 10 Eßl. von 500 ml (1/2 l) Weißwein anrühren. Den übrigen Weißwein, Zucker und Zitronensaft zum Kochen bringen und mit dem angerührten Pudding-Pulver binden.
Marzipan und Weinbrand geschmeidig rühren. Die Creme unterrühren.
Die Böden mit der Creme zusammensetzen. Die oberste Schicht soll aus einem Boden bestehen.
Für die Trüffelcreme die Sahne erhitzen. Die Kuvertüre unter Rühren darin auflösen, kalt stellen und mit dem Biskin aufschlagen. 2 Eßl. von der Creme zum Verzieren in einen Spritzbeutel füllen.
Rand und obere Seite der Torte mit Creme bestreichen und mit der zurückgelassenen Creme verzieren.

Konditorei-Café Kneitinger, Garmisch-Partenkirchen

Konditorei-Café Kneitinger
Bahnhofstr. 7
8100 Garmisch-Partenkirchen

Unsere Geschichte

Lebzelter und Weinwirte waren die Vorfahren von Alois Kneitinger, der im Jahre 1860 am Stadtplatz im niederbayerischen Abensberg das jetzige Stammhaus übernahm und als Konditorei und Lebzelterei weiterführte. All sein Können, die Begeisterung und Freude am Konditoren-Handwerk übertrugen sich auch auf seine Nachfahren, die auf ganz Deutschland verteilt, in Schierling, Landshut, Marktoberndorf und sogar im Norden, in Hamburg, Konditoreien gründeten. Das Café, seit 1920 in Garmisch-Partenkirchen, in der Bahnhofstr. 7, verwöhnt nicht nur in der Ski-Saison mit seiner Prinzregententorte (einer von 20 im Büffet), sondern auch mit einem reichen Kuchenangebot. Man sitzt in den gemütlichen beiden Café-Räumen oder im schattigen Kaffeegarten.

Unser Original-Rezept

Berliner Bobbes

Unsere Zutaten

Teig: 375 g Weizenmehl, 40 g Speisestärke Gustin, 3 g (1 gestrichener Teel.) Backpulver Backin, 140 g Zucker, 1 Päckchen Vanillin-Zucker, 4 Tropfen Backöl Zitrone, etwas Salz, 3 Eigelb, 250 g Butter.
Füllung: 90 g Marzipan-Rohmasse, 60 g Zucker, 3-4 Eßl. Rum, 50 g grobe Biskuitbrösel, 50 g verlesene Sultaninen, 50 g abgezogene, gehobelte, geröstete Mandeln.
Zum Bestreichen: Eigelb, Milch.
Streusel: 50 g Weizenmehl, 25 g Zucker, etwas Zimt, 25 g Butter.
Zum Bestäuben: Puderzucker.

Die Herstellung

Aus den angegebenen Zutaten einen Knetteig bereiten und kalt stellen.
Für die Füllung Marzipan, Zucker und Rum zu einer streichfähigen Masse verrühren.
Den Teig zu einem Rechteck (70 x 30 cm) ausrollen, mit der Marzipanmasse bestreichen und mit den drei übrigen Zutaten gleichmäßig bestreuen.
Den Teig von der längeren Seite her locker aufrollen, kalt stellen. Dann mit Eigelbmilch bestreichen und mit Streuseln (die 4 Zutaten vorher zu feinen Streuseln verarbeiten) bestreuen.
Die Rolle in 3,5 cm breite Stücke schneiden und diese senkrecht auf ein gefettetes Backblech stellen.

Strom: Etwa 200 (vorgeheizt).
Gas: 5 Minuten vorheizen 3-4, backen 3-4.
Backzeit: Etwa 15 Minuten.
Das Gebäck mit Puderzucker bestäuben.

Konditorei-Café Neumann, Glückstadt

Konditorei-Café Neumann
Am Markt
2208 Glückstadt

Unsere Geschichte

Direkt am historischen Marktplatz von 1616 liegt das stilvoll-elegante Café Neumann, das 1856 in Memel (Ostpreußen) gegründet wurde. Viele Stammgäste, auch aus der weiteren Umgebung, freuen sich auf die Spezialitäten des Hauses und genießen die vielen Leckereien.
Besonders empfehlenswert, neben köstlichen Pralinen und feinem Buttergebäck, sind die Lübecker-Nußtorte, Fürst-Pückler-Torte, Maracuja-Sahnetorte, Irish-Coffee-Sahnetorte, Makronentorte und der Königsberger Kranz.
60 Sorten Gebäck stehen auf der Kuchenkarte. Die große Eiskarte und „Königsberger Marzipan" mit viel Mandeln und wenig Zucker, runden ein Spezialitätenangebot ab, das auch für Diabetiker eine große Auswahl bietet.

Unser Original-Rezept

Königsberger Kranz

Unsere Zutaten

Teig: 7 Scheiben tiefgekühlter Blätterteig.
Belag: 4 Eiweiß, 50 g Zucker, etwas Salz, 2 Eigelb, 20 g Zucker, etwas abgeriebene Zitronenschale (unbehandelt), 100 g Weizenmehl, 1 Messerspitze Backpulver Backin, 50 g Butter, 40 g verlesene Rosinen, je 40 g Orangeat und Zitronat (feingewürfelt).
Zum Bestreichen: Etwas Eigelb.
Zum Aprikotieren: 30 g Zucker, 2 Eßl. Wasser, 50 g durch ein Sieb gestrichene Aprikosen-Konfitüre.
Guß: 100 g Puderzucker, 4 Eßl. Zitronensaft.

Die Herstellung

Den Teig bei Zimmertemperatur auftauen lassen und ausrollen. Zunächst 1 Streifen (60 x 10 cm) daraus schneiden und kranzförmig auf ein mit Wasser abgespültes Backblech legen. Aus dem restlichen Teig
1 Streifen (90 x 2 cm),
1 Streifen (20 x 2 cm) und
22 Streifen (15 x 2 cm) schneiden.
Für den Belag Eiweiß, Zucker und Salz steif schlagen. Eigelb, Zucker und Zitronenschale zu einer cremigen Masse schlagen. Mehl und Backin mischen, sieben und mit der Butter vermengen, so daß eine krümelige Masse entsteht. Rosinen, Orangeat und Zitronat hinzufügen.
Den Eischnee unter die Eigelbmasse ziehen. Das Mehl-Butter-Früchte-Gemisch ebenfalls unterziehen.
Die Masse bergartig auf den Blätterteigkranz streichen. Am Innen- und Außenrand jeweils 1 cm Teig frei lassen.
Die Masse gitterartig mit den kurzen Streifen (22) belegen. Die freigelassenen Teigränder (und Streifenenden) mit verschlagenem Eigelb bestreichen und mit den beiden letzten Streifen belegen (den längeren Streifen auf den Außenrand).
Strom: Etwa 180 (vorgeheizt).
Gas: Etwa 4 (nicht vorgeheizt).
Backzeit: Etwa 25 Minuten.
Zum Aprikotieren Zucker und Wasser unter Rühren erhitzen, bis der Zucker gelöst ist. Die Aprikosen-Konfitüre hinzufügen und so lange kochen, bis die Masse anfängt dicklich zu werden.
Das heiße Gebäck damit bestreichen und abkühlen lassen.
Für den Guß den gesiebten Puderzucker mit dem Zitronensaft glattrühren.
Das erkaltete Gebäck damit bestreichen.

Konditorei-Café Andersen, Hamburg

Konditorei-Café Andersen
Wandsbecker Marktstraße 153
2000 Hamburg 70

Unsere Geschichte

Im Zentrum Wandsbecks, dem östlichen Hamburger Stadtteile, beschäftigen sich über 120 Mitarbeiter liebevoll mit der Herstellung feiner Konditorei-Erzeugnisse, die in diesem Hause und seinen Filialen (Hamburger Hof und Glinde) angeboten werden. Die Rezepte im Stammhaus erinnern noch heute an die Gründer der Konditorei Andersen, die ihren Ursprung in Hadersleben – Dänemark – hatte. Auch heute noch werden hier die „Kopenhagener" nach den herrlichen alten Rezepten gebacken. Das Café in der Jungfernstiegpassage, an Hamburgs Alster, ist ganz in beige gehalten – ein idealer Treffpunkt, um die Himbeer-Sahnetorte, die Französische Walnußtorte oder den köstlichen Baumkuchen – Spezialitäten dieses Hauses – zu genießen.

Unser Original-Rezept

Englische Mandel-Sandtorte

Unsere Zutaten

250 g Butter, 50 g Marzipan-Rohmasse, 200 g Zucker, 1 Päckchen Vanillin-Zucker, 6 Eier, 20 g abgeriebene Zitronenschale (unbehandelt), etwas Salz, 300 g Weizenmehl, 3 g (1 gestrichener Teel.) Backpulver Backin, 80 g Sultaninen (verlesen), je 40 g Mandeln, gehackt, Zitronat und Orangeat (beides feingewürfelt).

Die Herstellung

Butter, Marzipan, Zucker und Vanillin-Zucker geschmeidig rühren. Nach und nach Eier und Gewürze unterrühren. Das mit Backin gemischte und gesiebte Mehl eßlöffelweise unterrühren. Zuletzt Sultaninen, Mandeln, Zitronat und Orangeat hinzufügen.
Den Teig in eine Springform (Durchmesser 26 cm, Boden gefettet) füllen.

Strom: 175-200 (vorgeheizt).
Gas: 3-4 (nicht vorgeheizt).
Backzeit: Etwa 70 Minuten.
Das erkaltete Gebäck mit Puderzucker bestäuben.

Konditorei-Café Gustav Adolf von Schweden,
Hamburg

Konditorei-Café
Gustav Adolf von Schweden
Große Bleichen 32
2000 Hamburg 36

Unsere Geschichte

Unter diesem Namen wird die Tradition des 1763 gegründeten Café Wilms, im hanseatischen Stile würdevoll fortgesetzt. Große Bleichen 32, in einer dem Jungfernstieg ebenbürtigen, exklusiven Seitenstraße des heutigen Hanseviertels gelegen, erlebt der Gast sowohl den Charme als auch die Vornehmheit, die dieses Café ausstrahlt.
Gustav Adolf von Schweden ist eine gelungene Mischung aus Rôtisserie, Restaurant, Café und Konditorei und bietet dem Gast ein Angebot, das den hohen Ansprüchen seines internationalen Publikums in jeder Beziehung gerecht wird. Die Spezialität des Hauses – die Gustav Adolf-Torte – gilt als eine der exklusivsten, aber zugleich teuersten Tortengenüsse, die unser Land zu bieten hat.

Unser Original-Rezept

Gustav Adolf-Torte

Unsere Zutaten

Knetteig: 150 g Weizenmehl, 40 g Zucker, 1 Päckchen Vanillin-Zucker, 100 g Butter.
Zum Bestreichen: 2 Eßl. Erdbeer-Konfitüre.
Biskuitteig I: 2 Eigelb, 2-3 Eßl. heißes Wasser, 100 g Zucker, 1 Päckchen Vanillin-Zucker, 2 Eiweiß, 75 g Weizenmehl, 25 g Speisestärke Gustin, 10 g Kakao, 3 g (1 gestrichener Teel.) Backpulver Backin, 50 g zerlassene Butter.
Biskuitteig II: 2 Eigelb, 1 Eßl. heißes Wasser, 100 g Zucker, 1 Päckchen Vanillin-Zucker, 2 Eiweiß, 75 g Weizenmehl, 50 g Speisestärke Gustin, 3 g (1 gestrichener Teel.) Backpulver Backin, 50 g zerlassene Butter.
Zum Tränken: 4 Eßl. Curacao.
Canache-Creme: 200 g Schlagsahne, 50 g Zucker, 350 g Halbbitter-Kuvertüre, 50 g Vollmilch-Kuvertüre, 200 g Biskin, 25 ml Rum.
Buttercreme: 500 g Butter, etwas Salz, Vanillemark (aus 2 Vanille-Stangen), 4 Eier, 125 g Zucker, 3 gut gehäufte Eßl. Erdbeer-Konfitüre, 4 Eßl. Curacao.
Marzipanumhüllung: 300 g Marzipan-Rohmasse, 150 g Puderzucker.
Guß: 200 g Kuvertüre, etwas Biskin.

Die Herstellung

Aus den angegebenen Zutaten einen Knetteig bereiten. Teig auf dem gefetteten Boden einer Springform (Durchmesser 28

cm) ausrollen, mehrmals mit einer Gabel einstechen und mit Springformring backen.
Strom: 200-225 (vorgeheizt).
Gas: 5 Minuten vorheizen 3-4, backen 3-4.
Backzeit: Etwa 15 Minuten.
Den Boden sofort nach dem Backen vom Boden der Springform lösen und ihn darauf erkalten lassen.
Für Biskuitteig I Eigelb und Wasser schaumig schlagen. Nach und nach 2/3 von dem mit Vanillin-Zucker gemischten Zucker hinzugeben und so lange schlagen, bis eine cremeartige Masse entstanden ist. Das Eiweiß mit dem restlichen Zucker steif schlagen. Den Schnee auf die Eigelbcreme geben.
Mehl, Gustin, Kakao und Backin mischen, auf die Eigelbcreme sieben, vorsichtig unterziehen (nicht rühren) und dabei die lauwarme Butter hinzufügen.
Den Teig in eine Springform (Durchmesser 28 cm, Boden gefettet, mit Backpapier belegt) füllen und sofort backen.
Strom: 175-200 (vorgeheizt).
Gas: 3-4 (nicht vorgeheizt).
Backzeit: Etwa 20 Minuten.
Das Gebäck gut auskühlen lassen und einmal durchschneiden.
Biskuitteig II zubereiten (aber ohne Kakao) und backen wie Biskuitteig I.
Das Gebäck gut auskühlen lassen und einmal durchschneiden.
Für die Canache-Creme Schlagsahne und Zucker aufkochen, von der Kochstelle nehmen. Die Kuvertüre hinzufügen und gut unterrühren. Das Ganze kalt stellen. Das Biskin geschmeidig rühren. Canache-Creme und Rum unterrühren.
Für die Buttercreme Butter, Salz und Vanillemark gut geschmeidig rühren.
Eier und Zucker in einer Schüssel im Wasserbad so lange schlagen, bis eine dickliche Masse entstanden ist. Die Masse anschließend so lange schlagen, bis sie wieder kalt ist und unter die geschmeidig gerührte Butter rühren.
Unter 250 g dieser Creme die Erdbeer-Konfitüre rühren. Unter die restliche Creme den Curaçao rühren.
Den Knetteigboden mit Erdbeer-Konfitüre bestreichen und mit einer dunklen Biskuitbodenhälfte bedecken. Diese mit der Canache-Creme (etwas zum Verzieren in einen Spritzbeutel füllen) bestreichen und mit der zweiten dunklen Biskuitbodenhälfte bedecken. Diese mit Curaçao (2 Eßl.) tränken, mit Erdbeer-Creme bestreichen und mit einer hellen Biskuitbodenhälfte bedecken. Diese mit Curaçao (30 ml) tränken, mit Curaçao-Creme (etwas zurücklassen) bestreichen und mit der zweiten hellen Biskuitbodenhälfte bedecken. Rand und obere Seite der Torte mit der zurückgelassenen Curaçao-Creme bestreichen.
Marzipan und gesiebten Puderzucker gut verkneten, dünn auf gesiebtem Puderzucker ausrollen und eine Platte für die obere Seite der Torte und einen Streifen in Höhe des Randes daraus schneiden.
Die Torte damit be- und umlegen.
Für den Guß Kuvertüre und Biskin im Wasserbad bei schwacher Hitze geschmeidig rühren. Die Torte damit überziehen. Den Guß fest werden lassen. Die Torte mit der zurückgelassenen Creme verzieren und nach Belieben mit grünen Marzipanblättchen garnieren.

Museumscafé, Hameln

Museumscafé
Osterstr. 8
3250 Hameln

Unsere Geschichte

Hätte es das Museumscafé schon zu Zeiten des Rattenfängers gegeben, wäre es wohl kaum möglich gewesen, so viele Kinder an den süßen Verlockungen dieses Cafés vorbeizuführen: An der Hamelner Torte mit Ingwerfüllung, überzogen mit Zartbitterschokolade, oder der Rattenfängertorte – einer köstlichen Nußtorten-Spezialität mit Marzipanfüllung.
(Beide Torten werden auf Wunsch auch versandt).
Zu den weiteren Besonderheiten zählt auch die Stiftsherrentorte – benannt nach dem im 16. Jahrhundert erbauten Haus, das zu den berühmtesten der Altstadt Hamelns zählt. 140 Sitzplätze und ein Pariser Straßencafé mit Platz für 100 Personen bietet das Museumscafé in der Osterstraße, in der Pavel Kohout oft verweilte und anläßlich der 700-Jahrfeier der Stadt die Festansprache hielt. Eine ausgefallene kleine Speisekarte ergänzt das vielfältige Kuchen- und Tortenangebot.

Unser Original-Rezept

Hamelner Torte

Unsere Zutaten

Teig: 100 g Marzipan-Rohmasse, 80 g Butter, 7 Eigelb, 80 g Zucker, 1 Päckchen Vanillin-Zucker, etwas Salz, etwas abgeriebene Zitronenschale (unbehandelt), 1/4 Teel. gemahlener Zimt, 7 Eiweiß, 100 g Zucker, 100 g feingehackter Ingwer (aus dem Glas), 80 g Weizenmehl, 60 g Kakao, 3 g (1 gestrichener Teel.) Backpulver Backin.
Füllung: 3 Eßl. Himbeer-Konfitüre, gut 1 Eßl. Himbeergeist.
Guß: 100 g Halbbitter-Kuvertüre, etwas Kokosfett.

Die Herstellung

Für den Teig Marzipan, Butter, Eigelb, Zucker, Vanillin-Zucker und die Gewürze zu einer cremigen Masse schlagen.
Das Eiweiß mit dem Zucker steif schlagen und auf die Marzipan-Eigelbmasse geben. Darauf den Ingwer geben. Das mit Kakao und Backin gemischte Mehl darüber sieben. Alles vorsichtig miteinander vermengen. Den Teig in eine Springform (Durchmesser 26 cm, Boden gefettet) füllen.
Strom: 175-200 (vorgeheizt).
Gas: 3-4 (nicht vorgeheizt).
Backzeit: Etwa 20 Minuten.

Das ausgekühlte Gebäck einmal waagerecht durchschneiden.
Für die Füllung die Konfitüre mit dem Himbeergeist verrühren und auf den unteren Boden streichen. Den oberen Boden darauf legen.
Für den Guß die Kuvertüre und etwas Kokosfett in einem kleinen Topf im Wasserbad bei schwacher Hitze zu einer geschmeidigen Masse verrühren. Das Gebäck damit überziehen.

Konditorei-Café Knigge, Hitzacker

Unsere Geschichte

Nur 30 km vom Ursprungsort des Baumkuchens, Salzwedel (DDR), entfernt setzt die Konditorei Knigge in Hitzacker seit 1926 diese feine Backkunst auch bei uns weiter fort.
Baumkuchen sind deshalb auch die Spezialität des Cafés mit seinen Filialen in Lüchow und Dannenberg. Knigges Baumkuchen, wie auch die Pralinen aus eigener Herstellung werden heute von Hitzacker an der Elbe in alle Welt versandt. Das Café – mit Dachterrasse und verglastem Vorbau – ist mit Holzpaneelen und Kristallüstern ausgestattet und hat ca. 15 verschiedene Torten sowie vielerlei Gebäck im Angebot.

Konditorei-Café Knigge
Drawehnertorstr. 8
3139 Hitzacker

Unser Original-Rezept

Knigge Mandeltorte

Unsere Zutaten

Teig: **200 g Butter, 325 g Marzipan-Rohmasse, 200 g Zucker, 1 Päckchen Vanillin-Zucker, etwas Salz, 3 Tropfen Backöl Zitrone, 4 Eier, 3 Eigelb, 200 g Weizenmehl, 1 1/2 gestrichener Teel. Backpulver Backin.**
Canache-Creme: **200 g Halbbitter-Kuvertüre, 100 g Butter, 40 g gesiebter Puderzucker, 50 ml weißer Rum.**
Guß: **200 g Vollmilch-Schokolade, etwas Kokosfett.**

Die Herstellung

Für den Teig Butter, Marzipan und Zucker geschmeidig rühren. Gewürze hinzufügen. Eier und Eigelb schaumig rühren und unterrühren. Das mit Backin gemischte und gesiebte Mehl zuletzt eßlöffelweise unterrühren.
Den Teig in eine Form (Durchmesser 28 cm, Springform oder konische Form, Boden gefettet) füllen.
Strom: Etwa 180 (vorgeheizt).
Gas: Etwa 3 (nicht vorgeheizt).
Backzeit: Etwa 40 Minuten.

Den gestürzten Kuchen auskühlen lassen.
Für die Canache-Creme die Kuvertüre in einem kleinen Topf im Wasserbad zu einer geschmeidigen Masse verrühren. Unter gelegentlichem Rühren so lange abkühlen lassen, bis sie dickflüssig ist. Die Butter geschmeidig rühren. Nach und nach Puderzucker, Rum und Kuvertüre unterrühren.
Die Creme kurze Zeit kalt stellen und nochmals kurz durchschlagen.
Das erkaltete Gebäck damit bestreichen und kalt stellen.
Für den Guß die Schokolade in kleine Stücke brechen und mit Kokosfett im Wasserbad bei schwacher Hitze zu einer dünnflüssigen Masse verrühren.
Das Gebäck damit überziehen und nach Belieben mit Schoko-Mandel-Bergen garnieren.

Café Pammel, Höxter

Café Pammel
Marktstr. 10
3470 Höxter/Weser

Unsere Geschichte

In Höxter, an der Oberweser, paßt sich der Neubau des Café Pammel ideal den idyllischen Fachwerkhäusern an. Das Café strahlt eine gediegene Atmosphäre aus, zu der die wertvollen alten Stiche und Antiquitäten wie Modeln und Backformen besonders beitragen.
150 Sitzplätze bietet das Café, das im 1. Stock über einen Fahrstuhl zu erreichen ist. 70 Sitzplätze umfaßt das Straßencafé und weitere 25 die Terrasse.
Mit einer Riesenauswahl an Kuchen, Gebäck und Torten (50-60 Torten im Wechsel) verwöhnen 18 Mitarbeiter ihre Gäste. Spezialitäten sind die „Weinsahnetorte mit Williams-Christbirne", „Erdbeer- und Kiwi-Baumkuchen" sowie die „Herren-Sahne-Torte". 12 Teesorten stehen auf der Teekarte und werden mit Stövchen serviert. Auch die Eiskarte ist sehr einladend. Pralinen, Petit fours und Baumkuchen aus eigener Herstellung ergänzen das ohnehin schon umfassende Angebot.

Unser Original-Rezept

Corvey-Spezial-Torte

Unsere Zutaten

Knetteig: 175 g Weizenmehl, 3 g (1 gestrichener Teel.) Backpulver Backin, 50 g Zucker, 2 Päckchen Vanillin-Zucker, 125 g Butter.
Biskuitteig: 4 Eier, 150 g Zucker, 1 Päckchen Vanillin-Zucker, 75 g Weizenmehl, 75 g Speisestärke Gustin, 12 g (4 gestrichene Teel.) Backpulver Backin, 250 g zerlassene Butter.
Zum Bestreichen: 6 Eßl. Preiselbeer-Konfitüre.
Kirschwasser-Tränke: 1/8 l Wasser, 60 g Zucker, 4 Eßl. Kirschwasser.
Buttercreme: 3 Eier, 150 g Zucker, 500 g Butter, 1 Beutel „Unser Bestes" Vanille-Aroma.
Guß: 100 g Halbbitter-Kuvertüre, etwas Kokosfett.
Zum Verzieren: Preiselbeer-Konfitüre.

Die Herstellung

Aus den angegebenen Zutaten einen Knetteig bereiten. Sollte er kleben, ihn eine Zeitlang kalt stellen. Den Teig auf dem Boden einer Springform (Durchmesser 26 cm, Boden gefettet) ausrollen und mit Springformring backen.

Strom: 200-225 (vorgeheizt).
Gas: 5 Minuten vorheizen 3-4, backen 3-4.
Backzeit: Etwa 15 Minuten.
Für die Kirschwasser-Tränke Wasser und Zucker unter Rühren erhitzen, bis der Zucker gelöst ist. Das Kirschwasser hinzufügen und abkühlen lassen.
Für den Biskuitteig Eier, Zucker und Vanillin-Zucker zu einer cremigen Masse schlagen. Das mit Gustin und Backin gemischte Mehl darüber sieben und vorsichtig unterziehen. Dabei nach und nach die lauwarme Butter hinzufügen.
Den Teig auf ein gefettetes, mit Backpapier belegtes Backblech streichen. An der offenen Seite des Backblechs das Papier unmittelbar vor dem Teig zu einer Falte knicken, so daß ein Rand entsteht. Sofort backen.
Strom: 200-225 (vorgeheizt).
Gas: 5 Minuten vorheizen 3-4, backen 3-4.
Backzeit: Etwa 12 Minuten.
Sofort nach dem Backen den Biskuit auf ein mit Zucker bestreutes Geschirrtuch stürzen. Das Backpapier mit kaltem Wasser bestreichen und vorsichtig, aber schnell abziehen.
Für die Buttercreme die Butter gut geschmei dig rühren. Das Vanille-Aroma unterrühren. Eier und Zucker in einer Schüssel im Wasserbad so lange schlagen, bis eine schaumige Masse entstanden ist. Sie anschließend wieder kalt schlagen und unter die Butter rühren. Etwas Creme zum Verzieren in einen Spritzbeutel füllen.
Den Knetteigboden mit Preiselbeer-Konfitüre (2 Eßl.) bestreichen. Die Biskuitplatte mit der Kirschwasser-Tränke beträufeln, zunächst mit 2/3 der Buttercreme und dann mit Preiselbeer-Konfitüre (4 Eßl.) bestreichen. Die Platte der Länge nach in 6 Streifen von etwa 5 cm Breite schneiden. Den ersten Streifen spiralförmig aufrollen, senkrecht in die Mitte des Knetteigbodens stellen. Die übrigen Streifen quer in Hälften schneiden und mit den Stücken die Spirale fortsetzen, so daß eine Torte entsteht. Rand und obere Seite der Torte mit der restlichen Buttercreme bestreichen.
Für den Guß Kuvertüre und Kokosfett in einem kleinen Topf im Wasserbad bei schwacher Hitze verrühren.
Die Torte damit überziehen.
Den Guß fest werden lassen. Die Torte mit der zurückgelassenen Creme verzieren und mit Preiselbeer-Konfitüre garnieren.

Confiserie-Café Rau, Illertissen

Confiserie-Café Rau
Hauptstr. 17
7918 Illertissen

Unsere Geschichte

Bevor Sie auf der Autobahn zwischen Ulm und Memmingen einen Rastplatz anfahren, sollten Sie lieber einen kurzen Abstecher nach Illertissen machen.
Denn hier lädt Sie das Konditorei-Kaffeehaus Rau – im Kern der Stadt gelegen – zu über 40 verschiedenen Torten, leckeren Hefeteilen oder einem Stück vom 1,20 m hohen Baumkuchen ein. Das weiträumige Café verwöhnt nicht nur den Gaumen. Es ist zugleich ein Schaustück mit kostbaren, historischen Gobelins, Kristallüstern, Gemälden, Holzplastiken und alten Uhren.
Auch die Gartenterrasse, die man durch den mit viel Grün ausgestatteten Wintergarten erreicht, paßt mit ihren antiken Skulpturen harmonisch ins Gesamtbild.
Probieren Sie einmal die Spezialitäten: Cognactorte, Nuß- oder Schwarzwälder-Hausmachertorte, und für unterwegs Pralinen aus dem reichhaltigen Confiserie-Angebot.

Unser Original-Rezept

Mango-Kiwi-Sahnecremetorte

Unsere Zutaten

Knetteig: 150 g Weizenmehl, 1 Messerspitze Backpulver Backin, 50 g Zucker, 1 Päckchen Vanillin-Zucker, 100 g Butter.
Zum Bestreichen: 3 Eßl. Himbeer-Konfitüre.
Biskuitteig: 3 Eier, 4 Eßl. heißes Wasser, 125 g Zucker, 1 Päckchen Vanillin-Zucker, 100 g Weizenmehl, 65 g Speisestärke Gustin, 2 gestrichene Teel. Backpulver Backin, 75 g zerlassene Butter.
Mango-Belag: 2 Blatt weiße Gelatine, 2 Eßl. Mango-Sirup, 50 g Zucker, 375 g Schlagsahne, 2 Eßl. Mango-Sirup, 1 Teel. Zitronensaft.
Kiwi-Belag: 80 g Kiwischeiben (aus der Dose), 2 Blatt weiße Gelatine, 2 Eßl. Kiwisaft, 50 g Zucker, 375 g Schlagsahne, 1 Teel. Zitronensaft.
Zum Bestreichen: 250 g Schlagsahne, etwas Vanillin-Zucker, 1 Päckchen Sahnesteif.

Die Herstellung

Aus den angegebenen Zutaten einen Knetteig bereiten. Den Teig auf einem gefetteten Boden einer Springform (Durchmesser 28 cm) ausrollen, mehrmals mit einer Gabel einstechen und mit Springformring backen.
Strom: 200-225 (vorgeheizt).
Gas: 5 Minuten vorheizen 3-4, backen 3-4.
Backzeit: Etwa 15 Minuten.
Sofort nach dem Backen den Boden vom Springformboden lösen und darauf erkalten lassen.
Für den Biskuitteig Eier und Wasser schaumig schlagen. Zucker und Vanillin-Zucker mischen, einstreuen und so lange schlagen, bis eine cremeartige Masse entstanden ist. Das mit Gustin und Backin gemischte Mehl darüber sieben, unter die Eigelbcreme ziehen und dabei nach und nach die lauwarme Butter dazugeben. Den Teig in eine Springform (Durchmesser 28 cm, Boden gefettet, mit Backpapier belegt) füllen und sofort backen.
Strom: 175-200 (vorgeheizt).
Gas: 3-4 (nicht vorgeheizt).
Backzeit: 20-30 Minuten.
Den Tortenboden gut auskühlen lassen und einmal durchschneiden.
Den Knetteigboden mit Himbeer-Konfitüre bestreichen und mit der unteren Biskuitbodenhälfte bedecken. Den Springformring darum legen.
Für den Mango-Belag die Gelatine in kaltem Wasser einweichen, gut ausdrücken und in einen kleinen Kochtopf geben. Mango-Sirup (2 Eßl.) und Zucker hinzufügen und unter Rühren bei schwacher Hitze auflösen. Den restlichen Mango-Sirup (2 Eßl.) hinzugeben.
Die Sahne steif schlagen. Die lauwarme Gelatinelösung und den Zitronensaft unterrühren.
Die Masse bergartig auf die untere Biskuitbodenhälfte streichen, mit der oberen Biskuitbodenhälfte belegen und diese etwas nachformen (seitlich herunterdrücken).
Für den Kiwi-Belag die Gelatine in kaltem Wasser einweichen, gut ausdrücken und in einen kleinen Topf geben.
2 Eßl. Kiwisaft und den Zucker hinzufügen und unter Rühren bei schwacher Hitze auflösen. Die Kiwischeiben durch ein Sieb streichen.
Die Sahne steif schlagen. Die lauwarme Gelatinelösung, den Kiwibrei und den Zitronensaft unterrühren.
Die Masse auf den Biskuitboden streichen.
Die Torte kalt stellen. Nach etwa 2 Stunden den Ring entfernen.
Sahne mit dem mit Vanillin-Zucker gemischten Sahnesteif steif schlagen. Rand und obere Seite der Torte damit bestreichen.
Einen gut 1 cm breiten Streifen am unteren Rand der Torte mit gehackten Pistazien bestreuen.
Die Torte nach Belieben mit Schlagsahne verzieren und mit Mangostücken und Kiwischeiben garnieren.

Konditorei-Café Bremer, Kaiserslautern

Konditorei-Café Bremer
Pirmasenser Straße 1
6750 Kaiserslautern

Unsere Geschichte

„Das lassen S sich mal schmecke, Fräulein Köth, damit Sie heut abend wieder so schön singen wie das letzte Mal".
Geld hatte sie 1948 nur wenig, die später weltberühmte Mozart-Interpretin Erika Köth. Aber bewirtet wurde sie kostenlos von Wilhelm Bremer, dem Großvater des jetzigen Inhabers, Klaus Bremer, mit einem „Kännchen" und einer ganzen Torte. Damals wie heute steht Gastlichkeit an erster Stelle im Café Bremer, in der Fußgängerzone von Kaiserslautern. Die Torten und Zwiebelkuchen nach dem Rezept des Gründers gibt es heute noch. Hinzu kommt ein reiches Kuchen- und Tortenangebot, Pralinen, Eis und eine Frühstückskarte.

Unser Original-Rezept

Zwiebelkuchen

Unsere Zutaten

Belag: 500 g Zwiebelwürfel, 150 g Frühstücksspeckwürfel, 250 g (1/4 l) Schlagsahne, 80 g Weizenmehl, 5 Eßl. Fleischbrühe zum Anrühren, 3 Eier, 1 leicht gehäufter Teel. Salz, schwarzer Pfeffer, gemahlen, Paprika, gemahlen, Kümmel, gemahlen.
Teig: 200 g Weizenmehl, 3 g (1 gestrichener Teel.) Backpulver Backin, 1 Ei, 2 Eßl. Wasser, 1 Teel. Salz, 35 g Butter.

Die Herstellung

Für den Belag die Zwiebelwürfel in etwas Butter andünsten. Die Speckwürfel anbraten. Die Sahne hinzufügen, mit dem angerührten Mehl binden. Die Zwiebeln und die Eier unterrühren. Die Masse würzen. Aus den angegebenen Zutaten einen Knetteig bereiten. Springform (Durchmesser 26 cm) damit auslegen (Rand 4 cm hoch). Belag auf den Teig geben und glattstreichen.

Strom: 175-200 (vorgeheizt).
Gas: 3-4 (nicht vorgeheizt).
Backzeit: Etwa 50 Minuten.

Konditorei-Café Schuster, Karlsruhe

Konditorei-Café Schuster
Am Stadtgarten 11
7500 Karlsruhe

Unsere Geschichte

Mit Blick auf den Stadtgarten – im Sommer bei geöffneten Glasschiebetüren – erlebt der Gast die beruhigende Park-Atmosphäre mit Straußen und Gazellen. Denn das Confiserie-Café Schuster liegt genau gegenüber dem Karlsruher Zoo, am Stadtgarten 11.
Unter vierzig verschiedenen Sahne- und Cremetorten, mehreren Dutzend Obstkuchen, Desserts, Petit fours, Plundergebäck und Hefekuchen kann der Gast wählen. Besondere Spezialitäten sind italienische und französische Kuchen und Torten, sowie die Köstlichkeiten der Schweizer Confiserie. Alles vom Feinsten. Nach Rezepten, mit denen der Besitzer des Cafés Schuster schon die Passagiere auf dem Luxusliner „TS Bremen" verwöhnte.

Unser Original-Rezept

Aprikosenkuchen

Unsere Zutaten

Teig: 500 g tiefgekühlter Blätterteig.
Belag: 1 kg Aprikosenhälften (aus der Dose).
Guß: 6 Eier, 150 g Zucker, etwas Vanillin-Zucker, etwas Salz, 200 g Butter.
Zum Aprikotieren: 300 g durch ein Sieb gestrichene Aprikosen-Konfitüre.

Die Herstellung

Den Teig rund und dünn ausrollen. Ihn in eine Backform (Durchmesser 30 cm) legen und 30 Minuten stehenlassen. Den Teig mehrmals mit einer Gabel einstechen, mit den gut abgetropften Aprikosenhälften belegen und vorbacken.
Strom: Etwa 225 (vorgeheizt).
Gas: Etwa 4 (nicht vorgeheizt).
Backzeit: Etwa 20 Minuten (nur Unterhitze).

Für den Guß Eier, Zucker, Vanillin-Zucker und Salz glattrühren. Die aufgelöste, lauwarme Butter unterrühren.
Nach etwa 20 Minuten Backzeit die Form aus dem Ofen nehmen. Den überstehenden Teigrand abschneiden. Den Guß auf den Aprikosen verteilen und backen, bis der Guß goldgelb und fest ist.
Das lauwarme Gebäck aus der Form nehmen und aprikotieren. Dazu die Aprikosen-Konfitüre erwärmen. Das Gebäck damit bestreichen.
Den Kuchen mit aprikotierten Aprikosenhälften belegen.

Konditorei-Café Baumann, Koblenz

Unsere Geschichte

Als Konditorei und „Café der Köstlichkeiten" ist das Haus Baumann seit 1968 ein Begriff in der Stadt an Rhein und Mosel. Das behagliche Café bietet 120 Plätze. Jeder Gast erlebt eine wohltuende Atmosphäre, die ihresgleichen sucht.
Vom Frühstück und dem kleinen Imbiss am Mittag über köstliche Gebäcke am Nachmittag und meisterhafte Festtagstorten, Baumkuchen und Eis, bis hin zu herzhaften Gerichten am Abend, findet der Gast den ganzen Tag lang die Köstlichkeiten, die dem Namen dieses Cafés gerecht werden. Teegebäck und Pralinen werden liebevoll als Geschenk verpackt.

Konditorei-Café Baumann
Löhrstraße 93
5400 Koblenz

Unser Original-Rezept

Nußtorte à la Baumann

Unsere Zutaten

Teig: 6 Eiweiß, 150 g Zucker, 6 Eigelb, 150 g Zucker, etwas abgeriebene Zitronenschale (unbehandelt), 50 g Weizenmehl, 1 gestrichener Teel. Backpulver Backin, 200 g sehr fein gebröselte Löffelbiskuits, 200 g gemahlene, geröstete Haselnußkerne.
Rum-Vanillecreme: 1 Päckchen Pudding-Pulver Vanille-Geschmack, 400 ml kalte Milch, 100 ml Schlagsahne, 2 Eigelb, 2 Eiweiß, 50 g Zucker, 2 Eßl. Rum.
Für den Rand: Gemahlene, geröstete Haselnußkerne.
Zum Aprikotieren: 30 g Zucker, knapp 2 Eßl. Wasser, 50 g durch ein Sieb gestrichene Aprikosen-Konfitüre.
Guß: 50 g gesiebter Puderzucker, heißer Rum.

Die Herstellung

Für den Teig Eiweiß und Zucker (150 g) steif schlagen. Eigelb, Zucker (150 g) und Zitronenschale etwa 5 Minuten schlagen. Den Eischnee darauf geben. Das mit Backin gemischte Mehl darüber sieben. Löffelbiskuits und Haselnußkerne hinzufügen. Alles vorsichtig vermengen. Den Teig in eine Springform (Durchmesser 28 cm, Boden gefettet, mit Backpapier belegt) füllen.
Strom: 175-200 (vorgeheizt).
Gas: 3-4 (nicht vorgeheizt).
Backzeit: Etwa 45 Minuten.
Das Gebäck gut auskühlen lassen.
Für die Rum-Vanillecreme das Pudding-Pulver mit 6 Eßl. von der Milch anrühren. Die restliche Milch mit der Sahne zum Kochen bringen. Das angerührte Pudding-Pulver unter Rühren in die von der Kochstelle genommene Milch geben und kurz aufkochen lassen. Das Eigelb gut unterrühren. Zuletzt das mit Zucker steifgeschlagene Eiweiß und den Rum unter den noch kochend-heißen Pudding rühren.

Das Gebäck dreimal waagerecht durchschneiden. Die Böden mit der noch warmen Creme (etwas Creme für den Rand zurücklassen) zu einer Torte zusammensetzen. Den Tortenrand mit zurückgelassener Creme bestreichen und mit Haselnußkernen bestreuen.
Zum Aprikotieren Zucker und Wasser unter Rühren kochen lassen, bis sich der Zucker gelöst hat.
Die Aprikosen-Konfitüre hinzufügen und so lange kochen lassen, bis die Masse anfängt dicklich zu werden. Die obere Seite der Torte damit bestreichen.
Für den Guß den Puderzucker mit heißem Rum glattrühren. Die Torte damit bestreichen und nach Belieben mit Haselnußkernen garnieren.
Die Torte vor dem Verzehr mindestens 2 Stunden kühl stellen.

Konditorei-Café Franck, Köln

Café Franck
Rudolfplatz 12
5000 Köln 1

Unsere Geschichte

Als die Hochburg für feinen Genuß bezeichnet sich das weit über Köln hinaus bekannte Café Franck. Vor über 100 Jahren wurde es als kleine Kaffeestube gegründet – zu einer Zeit, als der Kölner Dom kurz vor seiner Vollendung stand.
Heute beschäftigt das Café Franck in seinen 3 Geschäften 80 Mitarbeiter. Allein 22 Konditoren stellen mit viel Liebe über 40 verschiedene köstliche Torten her. Unerreicht ist die mit dem Blütenkranz der Margarete verzierte Margret-Torte, die Flockensahnetorte, Zuger Kirschtorte oder der bis zu 1,20 m hohe Baumkuchen. Beliebte Geschenke – besonders zu Festtagen – sind die kleinen Meisterwerke der Konditorei. 80 verschiedene exquisite Pralinensorten werden meisterlich gefertigt, viele nach über Generationen vererbten Rezepten.
Biedermeierstühle und kleine Sofas, Straßlüster und Kristall-Leuchter geben dem, aus mehreren Räumen bestehenden Café eine vornehme Ausstrahlung.

Unser Original-Rezept

Genfer Kirschschnitten

Unsere Zutaten

Teig: 250 g Butter, 200 g Marzipan-Rohmasse, 250 g Zucker, 1 Päckchen Vanillin-Zucker, etwas Salz, 6 Eier, 350 g Weizenmehl, 1 Päckchen Backpulver Backin, etwa 370 g entsteinte Sauerkirschen (aus dem Glas).
Zum Bestreichen: 2 Eßl. durch ein Sieb gestrichene Aprikosen-Konfitüre.
Zum Glasieren: 75 g gesiebter Puderzucker, 2 Eßl. Zitronensaft.

Die Herstellung

Für den Teig Butter und Marzipan geschmeidig rühren.
Zucker, Vanillin-Zucker, Salz und Eier nach und nach hinzufügen. Mehl und Backin mischen und eßlöffelweise unterrühren. Die Hälfte des Teiges auf ein mit Backpapier belegtes Backblech streichen. Die gut abgetropften Sauerkirschen darauf verteilen. Den restlichen Teig gleichmäßig darüber streichen.
Strom: Etwa 200 (vorgeheizt).
Gas: 5 Minuten vorheizen 3-4, backen 3-4.
Backzeit: Etwa 30 Minuten.

Sofort nach dem Backen das Gebäck mit der erhitzten Aprikosen-Konfitüre bestreichen.
Zum Glasieren den Puderzucker mit Zitronensaft verrühren. Das Gebäck damit glasieren und nach dem Auskühlen in beliebig große Stücke schneiden.

Konditorei-Café Fromme, Köln

Unsere Geschichte

1893 gegründet, und immer noch im gleichen Haus, Breite Straße 122, in der Kölner Innenstadt. Heute führt Ansgar Fromme gemeinsam mit seiner Frau Liane dieses alteingesessene, einst vom Großvater aufgebaute Café. Modern, im Stil der heutigen Zeit eingerichtet, ist es heute ein Treffpunkt für ein qualitätsbewußtes junges Publikum sowie Galeristen mit ihren Künstlern aus der nahen Umgebung. Ansgar Fromme und seine 30 Mitarbeiter bieten ihren Gästen ein breites, klassisches Konditorei-Angebot, von dem Sie den „Burgunder Rodon" als besondere Spezialität einmal selbst ausprobieren sollten.

Konditorei-Café-Confiserie Fromme
Breite Str. 122
5000 Köln 1

Unser Original-Rezept

Burgunder Rodon

Unsere Zutaten

Teig: 250 g Butter, 250 g Zucker, 4 Eier, Zitrone, 1 Messerspitze Zimt, Vanille, Salz, 250 g Weizenmehl, 9 g (3 gestrichene Teel.) Backpulver Backin, 20 g Kakao, 125 ml (1/8 l) Rotwein, 50 g aufgelöste Kuvertüre.
Zum Aprikotieren: 30 g Zucker, 25 ml (knapp 2 Eßl.) Wasser, 50 g durch ein Sieb gestrichene Aprikosen-Konfitüre.
Zum Glasieren: 65 g Puderzucker, 1 Eßl. Rotwein.

Die Herstellung

Aus den angegebenen Zutaten einen Rührteig bereiten. Zuletzt die Kuvertüre unterrühren. Den Teig in eine gefettete Napfkuchenform (Durchmesser 22 cm) füllen.
Strom: Etwa 175 (vorgeheizt).
Gas: Etwa 3 (nicht vorgeheizt).
Backzeit: 50-60 Minuten.
Das gestürzte, ausgekühlte Gebäck aprikotieren. Dazu Zucker und Wasser unter Rühren erhitzen, bis der Zucker gelöst ist. Die Aprikosen-Konfitüre hinzufügen, so lange kochen, bis die Masse anfängt dicklich zu werden.
Das Gebäck damit bestreichen.
Zuletzt das Gebäck glasieren. Dazu den gesiebten Puderzucker mit Rowein zu einer dünnflüssigen Masse verrühren.
Das Gebäck mit roten Belegkirschen garnieren.

Konditorei-Café Simons, Linz am Rhein

Café Simons
Rheinstr. 7
5460 Linz am Rhein

Unsere Geschichte

Das Café Simons liegt direkt in der Fußgängerzone in einem Fachwerkhaus aus dem 17. Jahrhundert. 1974 wurde die Fassade im alten Fachwerkstil neu errichtet und dem rustikalen Stil der Innenräume angepaßt, die mit alten Bildern von Linz und Holzmodeln dekoriert sind.
Täglich wird auf ein frisches Angebot von Hefe-, Plunder- und Blätterteigteilchen Wert gelegt. Über 20 Torten – Sahne-, Creme- und Obsttorten – stehen zur Auswahl. Ein besonderes Ereignis war der Besuch der ehemaligen First Lady von Amerika, Mrs. Carter, der anläßlich ihres Besuches in Linz eine Präsenttorte aus dem Café Simons überreicht wurde. Daß der amerikanischen Präsidentengattin die Torte aus Linz geschmeckt haben muß, beweist ein Dankschreiben aus dem „Weißen Haus" in Washington.

Unser Original-Rezept

Linzer Mandeltörtchen

Unsere Zutaten

Zwillingsteig (halb Blätter-, halb Knetteig): 4 Platten tiefgekühlter Blätterteig, 150 g Weizenmehl, 100 g Butter, 50 g Zucker, 1 Päckchen Vanillin-Zucker.
Füllung: 3 Eigelb, 125 g Zucker, 125 g Butter, 40 g Marzipan-Rohmasse, 125 g Schlagsahne, 1/2 Fläschchen Rum-Aroma, 3 Tropfen Backöl Zitrone, 1 Beutel „Unser Bestes" Vanille-Aroma, 3 Eiweiß, 250 g Weizenmehl, 6 g (2 gestrichene Teel.) Backpulver Backin, 100 g abgezogene, gemahlene, gebräunte Mandeln.
Aprikotieren: 30 g Zucker, 25 ml (knapp 2 Eßl.) Wasser, 50 g Aprikosen-Konfitüre.
Glasur: 50 g Puderzucker, etwas Wasser.
Garnieren: Nach Belieben Marzipanröschen.

Die Herstellung

Für den Zwillingsteig die Blätterteigplatten bei Zimmertemperatur auftauen lassen. Aus den übrigen 4 Zutaten einen Knetteig bereiten und mit dem Blätterteig verkneten, dünn ausrollen.
20 Platten (Durchmesser 10 cm) ausstechen, in 20 Papier-Backförmchen legen.
Für die Füllung das Eigelb mit 1/3 des Zuckers, der Butter und dem Marzipan cremig schlagen. Die Hälfte der Sahne mit den Aromen hinzufügen, nochmals kurz schlagen. Die Hälfte von dem mit Backin gemischten und gesiebten Mehl unterrühren. Das Eiweiß mit dem restlichen Zucker steif schlagen, auf die Eigelbmasse geben. Das restliche Mehl und die Mandeln darauf geben. Alles vorsichtig unter die Eigelbmasse ziehen. Sie auf die Förmchen verteilen, am Rand mit 40 g abgezogenen, gehobelten Mandeln bestreuen.
Strom: 175-200 (vorgeheizt).
Gas: 3-4 (nicht vorgeheizt).
Backzeit: Etwa 35 Minuten.

Zum Aprikotieren den Zucker mit dem Wasser unter Rühren erhitzen, bis der Zucker gelöst ist. Die Aprikosen-Konfitüre durch ein Sieb streichen, hinzufügen, so lange kochen, bis die Masse anfängt dicklich zu werden.
Die ausgekühlten Törtchen damit aprikotieren.
Zum Glasieren den gesiebten Puderzucker mit etwas Wasser zu einer dünnflüssigen Masse verrühren.
Die Törtchen glasieren und nach Belieben mit Marzipanröschen garnieren.

Confiserie-Café Klingelhöfer, Marburg/Lahn

Confiserie-Café Klingelhöfer
Haspeltstraße/Ecke Liebigstraße
und Wettergasse 38
3550 Marburg/Lahn

Unsere Geschichte

Dem Landgraf Phillip von Hessen ist die Spezialität des Café Klingelhöfer im Südviertel und im Herzen der Altstadt von Marburg gewidmet. Diese „Marburger Landgrafentorte" wird seit 1887 in der 4. Generation nach gleichem Rezept hergestellt. Sie ist eine von 25-30 Torten im täglichen Angebot. Neben der Haustorte gehören auch die „Marburger Elisabethtorte" und die Städtepartnerschaftstorte „Poitiers" zu den beliebten Torten des Cafés. Wer ein Andenken aus der alten Universitätsstadt mit nach Hause nehmen will, dem empfehlen wir die „Marburger Altstadtpflaster", „Marburger Schloßkugeln" oder „Marburger Hexentürmchen", verpackt im originellen Karton.

Unser Original-Rezept

Marburger Landgrafen-Torte

Unsere Zutaten

Teig: 6 Eiweiß, 150 g Zucker, 6 Eigelb, 50 g Zucker, 1/2 Päckchen Vanillin-Zucker, etwas Salz, 60 g Weizenmehl, 60 g Weizenstärke, 40 g Kakao, 1 Messerspitze Backpulver Backin, 80 g gemahlene Haselnußkerne.
Vanillecreme: 2 Päckchen Pudding-Pulver Vanille-Geschmack, 3 gehäufte Eßl. Zucker, 1/2 Päckchen Vanillin-Zucker, etwas Salz, 500 ml (1/2 l) Milch, 200 g Schlagsahne, 3 Eigelb.
Nougatcreme: 1 Päckchen Soßen-Pulver Vanille-Geschmack, 2 schwach gehäufte Eßl. Zucker, 1/4 l Milch, 125 g Butter, 100 g Nuß-Nougat.
Zum Bestreuen: Geraspelte Schokolade.

Die Herstellung

Für den Teig Eiweiß und Zucker (150 g) steif schlagen. Eigelb, Zucker (50 g), Vanillin-Zucker und Salz so lange schlagen, bis eine cremeartige Masse entstanden ist. Die Hälfte des Eischnees darunter rühren. Das mit Weizenstärke, Kakao und Backin gemischte Mehl darauf sieben. Die Haselnußkerne und den restlichen Eischnee darauf geben und vorsichtig unterziehen.
Aus dem Teig 3 Böden backen. Dazu jeweils Teig in eine Springform (Durchmesser 26 cm, Boden gefettet, mit Backpapier belegt) füllen.
Strom: Etwa 200 (vorgeheizt).
Gas: 3-4 (nicht vorgeheizt).
Backzeit für jeden Boden: Etwa 20 Minuten. Die Böden auskühlen lassen.
Für die Vanillecreme Pudding-Pulver und Zucker, Vanillin-Zucker und Salz mit 10 Eßl. von der Milch anrühren. Die übrige Milch mit der Sahne zum Kochen bringen. Das angerührte Pudding-Pulver unter Rühren in die von der Kochstelle genommene Milch geben und kurz aufkochen lassen. Das Eigelb gut unterrühren.
Die Böden mit der warmen Creme zu einer Torte zusammensetzen und kühl stellen.
Für die Nougatcreme aus Soßen-Pulver, Zucker und Milch einen Pudding kochen und abkühlen lassen (ab und zu umrühren, damit sich keine Haut bildet).
Butter und Nuß-Nougat geschmeidig rühren. Den erkalteten Pudding eßlöffelweise unterrühren. Rand und obere Seite der Torte damit bestreichen.
Die Torte mit Schokolade bestreuen.
Auf jedes Tortenstück ein Schokoladen-„L" legen (flüssige Schokolade als „L" auf Pergamentpapier spritzen, fest werden lassen).

Konditorei Hölzl - Café Fischer, Grünwald

Café Fischer
Rathausstraße 4
8022 Grünwald

Unsere Geschichte

Mitte der zwanziger Jahre spielten in dem beliebten Ausflugslokal an der Endhaltestelle Grünwald noch Salon- und Tangoorchester – vor einem fast tausendköpfigen Publikum. Aber auch ohne Musik ist das Café Fischer heute wie damals ein Magnet für Münchener Ausflügler. Mit rund 240 Innen- und 300 Garten- und Terrassenplätzen zählt dieses Café mit zum Besten, was Münchens Naherholungsraum zu bieten hat.
Man sitzt in der „Grünwalder Stube" mit ihrer reizvollen, in barockbäuerlich bemalter Kassettendecke oder in der „Münchener Stube" – ausgeschmückt mit Fresken von Münchener Trachtenmotiven oder feiert im Familienkreis in der „Fischer-Stube".
Im Sommer lädt der Garten oder die überdachte Terrasse zu Apfelstrudel, Rohrnudeln mit Vanillesauce oder zu einer von 40 Sahnetorten ein.

Unser Original-Rezept

Kiwi-Joghurt-Torte

Unsere Zutaten

Mürbteig: 150 g Weizenmehl, 1 Messerspitze Backpulver Backin, 40 g Zucker, 1 Päckchen Vanillin-Zucker, 100 g Butter.
Zum Bestreichen: Etwas rote Konfitüre.
Füllung: 1 heller Wiener Boden (Durchmesser 28 cm), 8 Blatt weiße Gelatine, 8 Eßl. heißes Wasser, 400 g Speisequark, 120-150 g Zucker, 2 Eßl. Zitronensaft, 6 Eßl. Weißwein, 180 g Joghurt, 300 g Schlagsahne.

Belag: Entsteinte, halbierte Kaiserkirschen (aus dem Glas), Kiwischeiben, Mandarinenspalten (aus der Dose).
Guß: 1 Päckchen Tortenguß, klar, 250 ml (1/4 l) Flüssigkeit (halb Weißwein – halb Wasser), 25 g Zucker.

Die Herstellung

Aus den angegebenen Zutaten einen Mürbteig bereiten. Sollte er kleben, ihn eine Zeitlang kalt stellen. Den Teig auf dem Boden einer gefetteten Springform (Durchmesser 28 cm) ausrollen, mehrmals mit einer Gabel einstechen und mit Springformring backen.
Strom: 200-225 (vorgeheizt).
Gas: 3-4 (nicht vorgeheizt).
Backzeit: Etwa 15 Minuten.
Sofort nach dem Backen den Boden lösen und nach dem Erkalten auf eine Tortenplatte legen. Ihn mit Konfitüre bestreichen. Den Wiener Boden darauf legen. Die Böden mit einem Tortenring umlegen.
Die Gelatine in kaltem Wasser einweichen, gut ausdrücken und in dem heißen Wasser auflösen. Quark, Zucker, Zitronensaft, Wein und Joghurt verrühren.

Die lauwarme Gelatinelösung und die steifgeschlagene Sahne unterrühren. Die Masse in die Springform füllen und fest werden lassen. Die Torte mit halbierten Kirschen, Kiwischeiben und Mandarinenspalten belegen. Den Guß nach Vorschrift auf dem Päckchen (mit Wasser und Wein) zubereiten und über das Obst geben.

Konditorei-Café Eickmann, Nördlingen

Conditorei-Café Eickmann
Marktplatz 7
8860 Nördlingen

Unsere Geschichte

Nördlingen, die herrliche alte Reichsstadt, ist mit der einzigen, noch vollständig erhaltenen Stadtmauer Deutschlands, umgeben. Unmittelbar am Wahrzeichen der Stadt, dem „Daniel", einem 90 m hohen Turm der St. Georgskirche, liegt das stilvoll eingerichtete Café Eickmann in einem mittelalterlichen Haus, das bereits im 15. Jahrhundert Lebküchner und Wachszieher beherbergte. Heute erfreuen sich nicht nur Einheimische an den vielen Köstlichkeiten, die das Ehepaar Eickmann in der Konditorei zaubert. Auch viele Prominente waren hier zu Gast, wie Siegfried Lowitz „Der Alte", Bill Ramsey, Ivan Rebrow, Elisabeth Flickenschild, Ingrid Steeger und Curd Jürgens.
Feinste Kuchen, erlesene Torten und ein Dutzend feiner Eiskompositionen, sowie Pralinen aus eigener Herstellung bietet die Karte. Spezialitäten sind der „Daniel" aus Marzipan, Stadtpasteten und die „Rieser Mondbrocken". Das Rezept „Schwedischer Apfelkuchen" erinnert an die entscheidende Schlacht des 30-jährigen Krieges, die 1634 bei Nördlingen stattfand.

Unser Original-Rezept

Schwedischer Apfelkuchen

Unsere Zutaten

Teig: 120 g Butter, 120 g Zucker, 1 Päckchen Vanillin-Zucker, etwas Salz, etwas abgeriebene Zitronenschale (unbehandelt), 2 Eier, 200 g Weizenmehl (Type 405), 150 g Speisestärke Gustin, 2 gestrichene Teel. Backpulver Backin.
Füllung: 600 g Apfel, etwa 230 g Ananasscheiben (aus der Dose), 15 g gehackte, geröstetete Haselnußkerne, 15 g verlesene Sultaninen, 1 gestrichener Teel. gemahlener Zimt.
Streusel: 120 g gemahlene Haselnußkerne, 25 g Speisestärke Gustin, 35 g Zucker, 1 gestrichener Teel. gemahlener Zimt, 60 g zerlassene Butter.
Zum Bestäuben: Etwas Puderzucker.

Die Herstellung

Für den Teig die Butter geschmeidig rühren. Nach und nach Zucker, Vanillin-Zucker, Salz, Zitronenschale und Eier hinzufügen. 2/3 des mit Gustin und Backin gemischten und gesiebten Mehls unterrühren. Den Rest unterkneten. Gut 2/3 des Teiges auf dem gefetteten Boden einer Springform (Durchmesser 28 cm) ausrollen. Den restlichen Teig zu einer Rolle formen, sie als Rand auf den Boden legen und so an die Form drücken, daß ein etwa 3 cm hoher Rand entsteht.
Für die Füllung die Äpfel schälen, achteln, entkernen, in dünne Scheiben schneiden und mit Ananasscheiben (in kleine Stücke geschnitten), Nüssen, Sultaninen und Zimt vermengen.
Die Apfelmischung in die Springform geben.
Für die Streusel Haselnußkerne, Gustin, Zucker, Zimt und lauwarme Butter zu Streuseln verarbeiten und gleichmäßig auf die Apfelmasse verteilen.
Strom: 175-200 (vorgeheizt).
Gas: 3-4 (nicht vorgeheizt).
Backzeit: 35-40 Minuten.
Das erkaltete Gebäck mit Puderzucker bestäuben.

Konditorei-Café am Rathaus, Paderborn

Unsere Geschichte

Zwischen Dom und Rathaus, in der Fußgängerzone von Paderborn, wurde 1978 ein Café gegründet, das heute ein beliebter Treffpunkt für Jung und Alt geworden ist. Über dem Verkaufsraum, in dem feines Gebäck, Sahne- und Obsttorten angeboten werden, liegen auf drei Stockwerke verteilt, die gemütlichen Caféräume. Unter mehr als 20 Sahnetorten kann der Gast eine Auswahl treffen, wobei die Brombeer-Sahnetorte seit Jahren als der absolute Spitzenreiter gilt. Diese Torte haben wir für Sie zum Nachbacken ausgewählt – mit der Empfehlung aus dem Café am Rathaus.

Café am Rathaus
Schildern 7
4790 Paderborn

Unser Original-Rezept

Brombeer-Sahnetorte

Unsere Zutaten

Knetteig: 150 g Weizenmehl, 40 g Zucker, 1 Päckchen Vanillin-Zucker, 100 g Butter.
Zum Bestreichen: Brombeer-Konfitüre.
Rührteig: 100 g Weizenmehl, 30 g Speisestärke Gustin, 10 g Kakao, 9 g (3 gestrichene Teel.) Backpulver Backin, 150 g Zucker, 1 Päckchen Vanillin-Zucker, Salz, 3 Eier, 1 Eßl. Wasser, 125 g weiche Butter.
Füllung: 2 Blatt Gelatine, weiß, 5 Eßl. Wasser, 400 g (2 Becher) Schlagsahne, 150 g Kuvertüre.
Belag: 400 g Brombeeren, 50 g Himbeeren, 30 g Kirschen (alles vorbereitet gewogen), 100 g Puderzucker.
Guß: 2 Päckchen Tortenguß, rot, 2 Eßl. Zucker, 500 ml (1/2 l) Flüssigkeit (Fruchtwasser mit Wasser aufgefüllt).

Die Herstellung

Aus den angegebenen Zutaten einen Knetteig bereiten, evtl. kalt stellen. Teig auf gefettetem Boden einer Springform (Durchmesser 28 cm) ausrollen, mehrmals mit einer Gabel einstechen, mit Springformring backen.
Strom: 200-225 (vorgeheizt).
Gas: 3-4 (nicht vorgeheizt).
Backzeit: Etwa 15 Minuten.
Boden sofort nach dem Backen vom Springformboden lösen, erst nach dem Erkalten auf eine Tortenplatte legen.
Für den Rührteig alle Zutaten in eine Schüssel geben, mit einem Handrührgerät mit Rührbesen auf höchster Stufe in etwa 2 Minuten zu einem glatten Teig verarbeiten. Ihn in eine Springform (Durchmesser 28 cm, Boden gefettet, mit Pergamentpapier belegt), füllen.
Strom: Etwa 175 (vorgeheizt).
Gas: Etwa 3 (nicht vorgeheizt).
Backzeit: Etwa 30 Minuten.
Abgekühltes Gebäck einmal waagerecht durchschneiden.
Knetteigboden mit Brombeer-Konfitüre bestreichen, mit dem unteren Rührteigboden belegen. Den mit Pergamentpapier belegten Springformring darum legen, schließen.
Für die Füllung die Gelatine in kaltem Wasser einweichen, gut ausdrücken, in dem heißen Wasser (5 Eßl.) auflösen und abkühlen lassen. Die Sahne fast steif schlagen. Die abgekühlte Gelatine unterrühren. Die Sahne vollkommen steif schlagen.
Die aufgelöste, abgekühlte Kuvertüre vorsichtig unterrühren. Die Masse in die Springform geben, glattstreichen, mit dem oberen Rührteigboden bedecken.
Torte 1 Stunde in das Gefrierfach stellen.
Für den Belag das Obst mit dem gesiebten Puderzucker bestäuben, zum Saftziehen stehenlassen. Früchte abtropfen lassen, gleichmäßig auf dem oberen Rührteigboden verteilen.
Den Tortenguß (2 Päckchen) nach Anleitung auf dem Päckchen zubereiten, auf das Obst geben und erkalten lassen.

Konditorei-Café Simon, Passau

Café Simon
Am Rindermarkt 10
8390 Passau

Unsere Geschichte

Im Herzen der Altstadt, wo Passau so richtig gemütlich ist, hat dieses bekannte Passauer Familienunternehmen seit 1903 sein Domizil.
Zentral am Ende der Fußgängerzone gelegen, sind es vom Bahnhof oder von den Parkplätzen am Donaugelände nur wenige Minuten. Am Ziel angekommen, genießt der Gast unter alten, von stilvollen Kronleuchtern erhellten Gewölben gepflegte Gastlichkeit und zugleich echten Passauer Lokalkolorit. Im Sommer kann man sich auch auf der Terrasse mit den Spezialitäten Allgäuer Kirschkuchen, Passauer Apfelkuchen oder einer von dreißig Torten verführen lassen und unter 20 Eissorten wählen.

Unser Original-Rezept

Passauer Apfelkuchen

Unsere Zutaten

Knetteig: 200 g Weizenmehl, 1/2 gestrichener Teel. Backpulver Backin, 125 g Zucker,
1 Päckchen Vanillin-Zucker, etwas Salz, 1/2 Eigelb, 1 Eiweiß, 125 g Butter,
2 dünne Wiener Böden (jeweils etwa 1 cm dick).
Mohnfüllung: 250 g Schwartau Mohn-Back, 30 g Zucker, 1 Päckchen Vanillin-Zucker, je 1 Messerspitze gemahlener Zimt und gemahlene Nelken, etwa 50 g Semmelmehl, 1/8 l Milch, 30 g verlesene Rosinen.
Nußfüllung: 150 g gemahlene Haselnußkerne, 1/4 l Milch, 50 g Zucker, 1 Eßl. Weinbrand, etwa 50 g Semmelmehl.
Apfelfüllung: 750 g Apfelstückchen (geschält, entkernt), 50 g Zucker, 1 Messerspitze gemahlener Zimt, 30 g verlesene Rosinen.
Zum Bestreichen: 1/2 Eigelb, 1 Teel. Dosenmilch.

Die Herstellung

Aus den angegebenen Zutaten einen Knetteig bereiten. Sollte er kleben, ihn eine Zeitlang kalt stellen.
Für die Mohnfüllung Mohn-Back, Zucker, Vanillin-Zucker, Gewürze, Semmelmehl und Milch verrühren. Zum Schluß die Rosinen unterrühren.
Für die Nußfüllung alle Zutaten miteinander verrühren.
Für die Apfelfüllung Apfelstücke, Zucker, Zimt und Rosinen unter Rühren leicht dünsten.
Die Hälfte des Knetteiges auf dem gefetteten Boden einer Springform (Durchmesser 26 cm) ausrollen. Den Springformring darum legen.
Die Mohnfüllung auf den Knetteigboden streichen und mit einem Wiener Boden belegen. Darauf die Nußfüllung streichen und ebenfalls mit einem Wiener Boden belegen. Diesen mit der Apfelfüllung bestreichen.
Den restlichen Knetteig zu einer Platte (Durchmesser 26 cm) ausrollen und auf die Apfelfüllung legen. Die Platte mehrmals mit einer Gabel einstechen und mit verschlagenem Eigelb bestreichen.
Strom: 175-200 (vorgeheizt).
Gas: 3-4 (nicht vorgeheizt).
Backzeit: Etwa 1 3/4 Std.

Konditorei-Café Webels, Recklinghausen

Café Webels
Grosse Geldstr. 4
4350 Recklinghausen

Unsere Geschichte

Auf eine fast hundertjährige Tradition kann das 1890 gegründete Recklinghausener Café Webels zurückblicken, das heute in 3. Generation existiert.
Mit 150 Sitzplätzen und einer kleinen Dachterrasse bietet dieses Café seinen Gästen Kuchen- und Tortengenuß in gepflegter Umgebung. Eine Vielzahl an Torten, an köstlichem Kuchen, ausgezeichnetem Baumkuchen und erlesenem Teegebäck zeichnen das Büffet aus. Als besondere Tortenspezialitäten empfehlen sich die Zuger Kirschtorte, Champagnersahnetorte und die Walnußbuttercremtorte, sowie 45 Pralinensorten aus eigener Herstellung. Zur Weihnachtszeit werden Printen, Lebkuchen, Spekulatius und Christstollen aus der Konditorei Webels in der Bundesrepublik und über die Grenzen hinaus versandt.

Unser Original-Rezept

Zuger Kirschtorte

Unsere Zutaten

Biskuitteig: 150 g Eiweiß, 100 g Zucker, 100 g Eigelb, 100 g Zucker, 1 Eßl. Zitronensaft, etwas Salz, 235 g Butter, 100 g Weizenmehl; 100 g Weizenmehl, 3 g (1 gestrichener Teel.) Backpulver Backin, 125 g abgezogene, gemahlene Mandeln.
Knetteig: 120 g Weizenmehl, 1 Messerspitze Backpulver Backin, 40 g Zucker, etwas Salz, 80 g Butter.
Buttercreme: 80 g Eier, 80 g Zucker, 160 g Butter.
Tränke (Läuterzucker): 250 g Zucker, 1/8 l Wasser, 125 ml (1/8 l) Kirschwasser.
Zum Garnieren: Puderzucker, gebräunte, gehobelte Mandeln.

Die Herstellung

Für den Biskuitteig das Eiweiß zusammen mit 100 g Zucker schaumig schlagen. Das Eigelb, 100 g Zucker, Zitronensaft, Salz ebenfalls schaumig schlagen.
Die Butter mit 100 g Weizenmehl geschmeidig rühren. Die Eigelbmasse unter die Buttermasse rühren. Den Eischnee darauf geben.
100 g Weizenmehl mit dem Backpulver Backin mischen, darüber sieben und die Mandeln hinzufügen.
Alles vorsichtig vermengen.
Die Masse in eine Springform (Durchmesser 28 cm, Boden gefettet und bemehlt) füllen.
Strom: Etwa 180 (vorgeheizt).
Gas: 3-4 (nicht vorgeheizt).
Backzeit: Etwa 70 Minuten.
Gebäck auskühlen lassen.

Für den Knetteig die angegebenen Zutaten zu einem Knetteig verarbeiten. Boden (Durchmesser 28 cm) backen.
Strom: 200-225 (vorgeheizt).
Gas: 3-4 (nicht vorgeheizt).
Backzeit: Etwa 15 Minuten.
Für die Buttercreme Eier zusammen mit dem Zucker im Wasserbad schaumig schlagen.
Anschließend die Masse so lange schlagen, bis sie kalt ist. Die geschmeidig gerührte Butter unterrühren. Den Knetteigboden mit Buttercreme bestreichen, mit dem Biskuitboden belegen. Den Rand ebenfalls bestreichen. Die Oberseite des Gebäcks mehrmals mit einem Holzstäbchen einstechen.
Für die Tränke Zucker und Wasser kochen lassen, bis der Zucker gelöst ist, dann diesen Läuterzucker (1/4 l) mit dem Kirschwasser mischen und den Biskuitboden damit tränken. Die obere Seite des Biskuitbodens ebenfalls mit Buttercreme bestreichen, mit Puderzucker bestäuben und den Tortenrand mit den Mandeln bestreuen.

Konditorei-Café Bernhard, Stadthagen

Konditorei-Café Bernhard
Am Markt 15
3060 Stadthagen

Unsere Geschichte

Seit 1634 waren Bäcker Eigentümer des Grundstücks, in dem heute das Café Bernhard in Stadthagen, im Schaumburger Land, seine Gäste verwöhnt. Auf 13 Generationen geht die Tradition dieses Cafés im gleichen Haus zurück, das erstmals 1782 von der Familie Bernhard geführt wurde. Im Erdgeschoß befindet sich ein in Pastelltönen gehaltener Caféraum mit 50 Sitzplätzen, eingerichtet mit klassischem Wiener-Kaffeehausmobiliar.
Der Caféraum im Obergeschoß erhält seine Charakteristik durch fachwerkbedingte tragende Pfeiler, zarte Faltdekoration, hell abgestufte Wandtöne sowie italienische Glasleuchten. Ca. 20 Torten bietet das 6 m lange Kuchenbüffet. Spezialitäten sind „Frankfurter Kranz", „Makronentorten" und „Wiener Apfelstrudel".
Auch für Diabetiker stehen 8 Gebäckarten zur Auswahl, und die Eiskarte kann sich mit 16 Sorten wirklich sehen lassen.

Unser Original-Rezept

Aalborger Citronenkuchen

Unsere Zutaten

Teig: 150 g Butter, 225 g Zucker, 1 Päckchen Vanillin-Zucker, 6 Eigelb, etwas abgeriebene Zitronenschale (unbehandelt), 300 g Weizenmehl, 2 1/2 gestrichene Teel. Backpulver Backin, 125 ml (1/8 l) Milch, 6 Eiweiß, 125 g Zucker.
Zum Aprikotieren: 100 g Aprikosen-Konfitüre, 2 Eßl. Wasser.
Guß: 100 g gesiebter Puderzucker, etwas Zitronensaft.

Die Herstellung

Für den Teig die Butter geschmeidig rühren. Nach und nach Zucker, Vanillin-Zucker, Eigelb und Zitronenschale unterrühren. Das mit Backin gemischte und gesiebte Mehl eßlöffelweise abwechselnd mit der Milch unterrühren. Das Eiweiß mit dem Zucker steif schlagen, zuletzt unterheben.
Den Teig in eine gefettete Napfkuchenform (Durchmesser 22 cm) füllen.
Strom: 175-200 (vorgeheizt).
Gas: 3-4 (nicht vorgeheizt).
Backzeit: Etwa 50 Minuten.

Das gestürzte Gebäck abkühlen lassen.
Zum Aprikotieren die Konfitüre mit dem Wasser unter Rühren erhitzen. Das Gebäck damit bestreichen.
Für den Guß den Puderzucker mit Zitronensaft zu einer dünnflüssigen Masse verrühren. Das Gebäck damit überziehen.

Café Decker, Staufen

Unsere Geschichte

In der „Faust-Stadt" Staufen, am Zugang zur Altstadt und am Neumagen findet der Gast dieses weit über die Grenzen bekannte Café. 1961 wurde es gegründet und bietet heute Platz für 140 Gäste. Bei gutem Wetter kann man sich auch auf der Dachterrasse von dem excellenten Kuchen und Tortenangebot des Café Decker verwöhnen lassen.
Über 20 Mitarbeiter sorgen für einen zuvorkommenden Service in einer sehr angenehmen Café-Atmosphäre. Vor allem mit der Pralinenherstellung hat sich die Confiserie selbst im benachbarten Ausland einen guten Namen gemacht.

Café Decker
Hauptstr. 70
7813 Staufen (Breisgau)

Unser Original-Rezept

Quark-Sahnetorte

Unsere Zutaten

Knetteig: 100 g Weizenmehl, 15 g Fruchtzucker, 1 Päckchen Vanillin-Zucker, 65 g Butter.
Biskuitteig: 3 Eier, 50 g Fruchtzucker, etwas abgeriebene Zitronenschale (unbehandelt), 35 g Weizenmehl, 35 g Speisestärke Gustin, 1 Messerspitze Backpulver Backin, 50 g zerlassene Butter.
Zum Bestreichen: 3 Eßl. Diät Aprikosen-Konfitüre.
Füllung: 10 Blatt weiße Gelatine, 150 ml Milch, 70 g Fruchtzucker, 3 Eigelb, 1/2 Stange Vanille, 400 g Speisequark, abgeriebene Schale von je 1/2 Apfelsine und Zitrone (unbehandelt), 1 Eßl. Zitronensaft, 1 Eßl. Apfelsinensaft, 500 g Schlagsahne, 175 g Mandarinenspalten.

Die Herstellung

Für den Knetteig das Mehl in eine Schüssel sieben. Fruchtzucker, Vanillin-Zucker und die in Stücke geschnittene weiche Butter hinzufügen. Die Zutaten mit einem Handrührgerät mit Knethaken zunächst kurz auf niedrigster und dann auf höchster Stufe gut durcharbeiten. Anschließend auf der Tischplatte zu einem glatten Teig verkneten. Sollte er kleben, ihn eine Zeitlang kalt stellen.

Den Teig auf dem gefetteten Boden einer Springform (Durchmesser 26 cm) ausrollen, mehrmals mit einer Gabel einstechen und mit Springformring backen.

Strom: 200-225 (vorgeheizt).

Gas: 5 Minuten vorheizen 3-4, backen 3-4.

Backzeit: 12-15 Minuten.

Sofort nach dem Backen den Boden vom Springformboden lösen, aber darauf erkalten lassen.

Für den Biskuitteig Eier, Fruchtzucker und Zitronenschale mit einem Handrührgerät mit Rührbesen auf höchster Stufe cremig schlagen. Mehl, Speisestärke und Backin mischen, auf die Eiercreme sieben und kurz auf niedrigster Stufe unterarbeiten, dabei nach und nach die lauwarme Butter hinzufügen.

Den Teig in die Springform (Durchmesser 26 cm, Boden gefettet, mit Backpapier belegt) füllen und sofort backen.

Strom: 175-200 (vorgeheizt).

Gas: 3-4 (nicht vorgeheizt).

Backzeit: Etwa 30 Minuten.

Den Tortenboden gut auskühlen lassen und einmal durchschneiden.

Den Knetteigboden auf eine Tortenplatte legen, mit der Aprikosen-Konfitüre bestreichen und mit dem unteren Biskuitboden bedecken. Den Springformring (mit einem Papierstreifen ausgelegt) darum legen und schließen.

Für die Füllung die Gelatine in kaltem Wasser einweichen. Milch, Fruchtzucker, Eigelb und die aufgeschnittene Vanillestange unter Rühren aufkochen lassen. Die Vanillestange herausnehmen. Das ausgekratzte Vanillemark wieder in die Eigelbmilch geben. Die gut ausgedrückte Gelatine in die heiße Flüssigkeit geben und so lange rühren, bis sie gelöst ist.

Quark, Apfelsinen- und Zitronenschale und Saft gut unterrühren. Sobald die Masse anfängt dicklich zu werden, 2/3 der steifgeschlagenen Sahne unterziehen.

Zunächst die gut abgetropften Mandarinenspalten auf dem Biskuitboden in der Form verteilen. Darauf 2/3 der Quarksahnemasse streichen und mit dem übrigen Biskuitboden belegen. Die restliche Quarksahnemasse darauf streichen. Die Torte kalt stellen. Wenn die Füllung fest ist, den Springformring entfernen.

Die Torte mit der restlichen Sahne verzieren und nach Belieben mit Erdbeerhälften, Kiwischeiben und gehackten Pistazien garnieren.

Konditorei-Café „Martin“, Tuttlingen

Konditorei-Café Martin
Königstraße 5
7200 Tuttlingen

Unsere Geschichte

Im Jahre 1907 kaufte der Konditormeister Hermann Martin das Haus Königstr. 5 in Tuttlingen und erhielt noch im gleichen Jahr seine Konzessions-Urkunde vom Königreich Württemberg zum Betrieb eines „sogenannten Wiener Cafés, in je zwei Zimmern des Erdgeschosses und des 1. Stockes“.
Und so krönte er seine Laufbahn, die ihn bereits um die Jahrhundert-Wende nach Dresden, Metz, Frankfurt, Kattowitz, Wien und London führte, mit einem eigenen Kaffee-Haus.
Heute wird das Café von dessen Sohn Werner Martin und dem Enkel des Gründers, Klaus, nun schon in der 3. Generation weitergeführt.
Das Angebot der Konditorei umfaßt mindestens 20 Kuchen und Torten und eine vielseitige Gebäck- und Pralinen-Auswahl. Darunter mehrere Kuchensorten für Diabetiker. Auch die Eis-Torten können sich sehen lassen.
Probieren Sie einmal den „Coupe Grandiosa“ mit Amarena, Ananas und Rum-Früchten. Er ist wirklich grandiosa!

Unser Original-Rezept

Spezial-Florentiner-Nußtorte

Unsere Zutaten

Biskuitteig: 10 Eiweiß, 200 g Zucker, 200 g Marzipan-Rohmasse, 7 Eigelb, gut 3 Eßl. Wasser, 1 Beutel „Unser Bestes“ Zitronen-Aroma, 125 g Weizenmehl, 100 g gemahlene Haselnußkerne, 100 g zerlassene Butter.
Zum Beträufeln: 60 g Zucker, 1 1/2 Eßl. Wasser, 5 Eßl. Rum (gut 70 ml).
Knetteig: 300 g Weizenmehl, 1 gestrichener Teel. Backpulver Backin, 100 g Zucker, 200 g Butter.
Belag: 40 g Butter, 40 g Zucker, 40 g Schlagsahne, 10 g Honig, 40 g abgezogene, gehobelte Mandeln.
Zum Bestreichen: 200 g Zartbitter-Kuvertüre, 200 g Nuß-Nougat.
Für den Rand: Gehobelte, gebräunte Haselnußkerne.

Die Herstellung

Für den Biskuitteig Eiweiß und Zucker steif schlagen. Marzipan, Eigelb, Wasser und Aroma zu einer einheitlichen Masse verrühren.
Den Eischnee unter die Eigelbmasse ziehen. Gesiebtes Mehl, Haselnußkerne und lauwarme Butter gut unterrühren.
Den Teig in eine Springform (Durchmesser 28 cm, Boden gefettet, mit Backpapier belegt) füllen.
Strom: 175-200 (vorgeheizt).
Gas: 3-4 (nicht vorgeheizt).
Backzeit: Etwa 50 Minuten.
Das Gebäck zum Auskühlen auf einen Kuchenrost stürzen.
Für den Knetteig die Zutaten der Reihenfolge nach verarbeiten. Sollte der Teig kleben, ihn eine Zeitlang kalt stellen. Aus dem Teig 2 Böden (Durchmesser 28 cm) backen. Dazu jeweils Teig auf dem gefetteten Boden der Springform ausrollen. Einen der Böden mit Belag backen.
Für den Belag Butter, Zucker, Sahne und Honig aufkochen. Die Mandeln unterrühren.
Die Masse gleichmäßig auf den Teigboden streichen. Die Böden mit Springformring backen.
Strom: Etwa 200 (vorgeheizt).
Gas: 3-4 (nicht vorgeheizt).
Backzeit: 15-20 Minuten.
Die Böden sofort nach dem Backen vom Boden der Springform lösen. Den Boden (mit Mandelbelag) sofort nach dem Backen in 16 Stücke schneiden. Unter- und Oberseite des ausgekühlten Nußbodens mit der Rum-Tränke (Zucker und Wasser unter Rühren erhitzen, bis der Zucker gelöst ist. Den Rum hinzufügen) beträufeln.
Den Knetteig (ohne Mandelbelag) mit geschmeidig gerührter Kuvertüre (im Wasserbad) bestreichen und mit dem Nußboden bedecken. Rand und obere Seite mit geschmeidig gerührtem Nuß-Nougat (Schüssel evtl. vorher etwas anwärmen) bestreichen und mit dem in Stücke geschnittenen Mandelboden belegen.
Den Tortenrand mit Haselnußkernen bestreuen.

Konditorei-Café Menge, Warendorf

Café Menge
Heumarkt 2
4410 Warendorf

Unsere Geschichte

Zur Zeit der Türkenkriege, als in Leipzig das erste deutsche Kaffee-Haus „Zum arabischen Coffee-Baum" erbaut wurde, gründete Dietrich Kappelhoff 1694 sein Café und Wirtshaus in Warendorf.
Seit nunmehr 9 Generationen befindet sich dieses Café im Familienbesitz. Heute bietet das Café Menge an Wochentagen 10-12 und am Sonntag bis zu 25 Torten in dem mit Stilmöbeln ausgestatteten Caféraum. Ganz typisch für die Reiterstadt Warendorf ist eine besondere Spezialität des Hauses:
„Warendorfer Pferdeäppel",
Sahnetrüffel in Bitter- und Vollmilchschokolade, serviert im Originalglas auf Stroh und bruchsicher verpackt, direkt zu bestellen bei Café Menge.

Unser Original-Rezept

Linzer Kirschtorte

Unsere Zutaten

Teig: 200 g Butter, 180 g Zucker, 3 Eier, 6 Eigelb, etwas Salz, etwas abgeriebene Zitronenschale (unbehandelt), 200 g Weizenmehl, 50 g Speisestärke Gustin, 6 g (2 gestrichene Teel.) Backpulver Backin, etwa 460 g entsteinte, gut abgetropfte Sauerkirschen.
Zum Aprikotieren: 30 g Zucker, knapp 2 Eßl. Wasser, 50 g durch ein Sieb gestrichene Aprikosen-Konfitüre.
Zum Glasieren: 100 g Puderzucker, 2 Eßl. Zitronensaft.

Die Herstellung

Für den Teig Butter und Zucker geschmeidig rühren. Eier, Eigelb, Salz und Zitronenschale nach und nach unterrühren. Mehl, Speisestärke und Backin mischen, sieben und eßlöffelweise unterrühren. Den Teig mit den mit Mehl bestäubten Sauerkirschen in eine gefettete Springform (Durchmesser 28 cm) füllen.

Strom: 175-200 (vorgeheizt).
Gas: 3-4 (nicht vorgeheizt).
Backzeit: Etwa 45 Minuten.
Zum Aprikotieren Zucker und Wasser aufkochen lassen.
Die Aprikosen-Konfitüre hinzufügen und so lange kochen lassen, bis die Masse anfängt dicklich zu werden.
Das Gebäck damit bestreichen und abkühlen lassen.

Zum Glasieren den gesiebten Puderzucker mit Zitronensaft zu einer dünnflüssigen Masse verrühren. Das abgekühlte Gebäck damit bestreichen und nach Belieben mit Schokoladenguß und roten Belegkirschen garnieren.

Konditorei-Café Keller, Wehingen

Konditorei-Café Keller
Bahnhoftstr. 5
7209 Wehingen/Württ.

Unsere Geschichte

Freunde süßer Überraschungen sollten sich den Namen Wehingen – eine kleine Gemeinde im Herzen der Schwäbischen Alb, merken. Denn hier, wo die Alb am höchsten ist, werden auch an den Geschmack höchste Ansprüche gestellt. Dafür sorgen Walter Keller und seine Frau Marliese mit exquisiten Torten eigener Kreation, mit Gebäck in reicher Vielfalt und einer als Rezept-Geheimnis wohlgehüteten Spezialität. Eine „Französische Punschschnitte". 20 Pralinensorten – vom Chef persönlich kreiert – spiegeln die Ausbildungszeit in schweizer Confiserie-Betrieben wieder. Wer sich gleich ein paar Tage verwöhnen lassen will, kann im angeschlossenen Hotel des Hauses wohnen.

Unser Original-Rezept

Eierlikör Gugelhupf

Unsere Zutaten

Teig: 230 g Butter, 135 g Zucker, 1 Päckchen Vanillin-Zucker, 4 Eier, 100 ml Eierlikör, 225 g Weizenmehl, 2 gestrichene Teel. Backpulver Backin, 50 g grobgeriebene Zartbitter-Schokolade.
Zum Aprikotieren: 30 g Zucker, knapp 2 Eßl. Wasser, 50 g durch ein Sieb gestrichene Aprikosen-Konfitüre.
Glasur: 75 g gesiebter Puderzucker, Eierlikör.

Die Herstellung

Für den Teig die Butter geschmeidig rühren. Nach und nach Zucker, Vanillin-Zucker, Eier und Eierlikör unterrühren.
Das mit Backin gemischte und gesiebte Mehl eßlöffelweise unterrühren. Zuletzt die Schokolade unterheben. Den Teig in eine gefettete Napfkuchenform (Durchmesser 22 cm) füllen.
Strom: 175-200 (vorgeheizt).
Gas: 3-4 (nicht vorgeheizt).
Backzeit: 30-40 Minuten.

Zum Aprikotieren Zucker und Wasser unter Rühren erhitzen, bis der Zucker gelöst ist. Die Aprikosen-Konfitüre hinzufügen und so lange kochen, bis die Masse anfängt dicklich zu werden.
Den gestürzten und abgekühlten Kuchen damit bestreichen.
Zum Glasieren den Puderzucker mit Eierlikör zu einer glatten Masse verrühren. Den Kuchen damit überziehen und nach Belieben mit abgezogenen, gehobelten Mandeln und gehackten Pistazien garnieren.